Festin Épicé de l'Inde

Un Voyage Culinaire Authentique

Sophie Leclerc

Indice

- Dosa instantanée 18
  - ingrédients 18
  - Méthode 19
- Rouleau de patate douce 20
  - ingrédients 20
  - Méthode 20
- Crêpe de pommes de terre 21
  - ingrédients 21
  - Méthode 22
- Murgh Malai Kebab 23
  - ingrédients 23
  - Méthode 24
- Bouffées Keema 25
  - ingrédients 25
  - Méthode 26
- Pakoda aux œufs 28
  - ingrédients 28
  - Méthode 29
- Dosa aux œufs 30
  - ingrédients 30
  - Méthode 31
- Khasta Kachori 32
  - ingrédients 32

Méthode 33
Dhokla de légumineuses mélangées 34
    ingrédients 34
    Méthode 35
Frankie 36
    ingrédients 36
    Méthode 37
Délice Besan & Fromage 38
    ingrédients 38
    Pour le mélange besan : 38
    Méthode 39
Chili Idli 40
    ingrédients 40
    Méthode 40
Canapé aux épinards 41
    ingrédients 41
    Méthode 42
Paushtik Chaat 43
    ingrédients 43
    Méthode 44
Rouleau de chou 45
    ingrédients 45
    Méthode 46
Pain aux tomates 47
    ingrédients 47
    Méthode 47
Boulettes de maïs et fromage 48

ingrédients	48
Méthode	48

Flocons de maïs Chivda ... 49
- ingrédients ... 49
- Méthode ... 50

Rouleau de noix ... 51
- ingrédients ... 51
- Méthode ... 52

Rouleaux de chou à la viande hachée ... 53
- ingrédients ... 53
- Méthode ... 54

Pav Bhaji ... 55
- ingrédients ... 55
- Méthode ... 56

Escalope De Soja ... 57
- ingrédients ... 57
- Méthode ... 57

Bhel de maïs ... 59
- ingrédients ... 59
- Méthode ... 59

Methi Gota ... 60
- ingrédients ... 60
- Méthode ... 61

Idli ... 62
- ingrédients ... 62
- Méthode ... 62

Idli Plus ... 63

- ingrédients 63
- Méthode 64

Sandwich Masala 65
- ingrédients 65
- Méthode 66

Kebab à la menthe 67
- ingrédients 67
- Méthode 67

Sevia Upma aux légumes 68
- ingrédients 68
- Méthode 69

Bhel 70
- ingrédients 70
- Méthode 70

Sabudana Khichdi 71
- ingrédients 71
- Méthode 72

Dhokla simple 73
- ingrédients 73
- Méthode 74

Jaldi de pomme de terre 75
- ingrédients 75
- Méthode 75

Dhokla orange 76
- ingrédients 76
- Méthode 77

Chou Muthia 78

ingrédients 78
    Méthode 79
Rava Dhokla 80
    ingrédients 80
    Méthode 80
Chapatti Upma 81
    ingrédients 81
    Méthode 82
Mung Dhokla 83
    ingrédients 83
    Méthode 83
Escalope de viande Mughlai 84
    ingrédients 84
    Méthode 85
Masala Vada 86
    ingrédients 86
    Méthode 86
Chou Chivda 87
    ingrédients 87
    Méthode 88
Pain Besan Bhajji 89
    ingrédients 89
    Méthode 89
Methi Seekh Kebab 90
    ingrédients 90
    Méthode 90
Jhinga Hariyali 92

- ingrédients 92
- Méthode 93
- Methi Adaï 94
  - ingrédients 94
  - Méthode 95
- Pois Chaat 96
  - ingrédients 96
  - Méthode 96
- Shingada 97
  - ingrédients 97
  - Pour la pâtisserie : 97
  - Méthode 98
- Bhajia à l'oignon 99
  - ingrédients 99
  - Méthode 99
- Bagani Murgh 100
  - ingrédients 100
  - Pour la marinade : 100
  - Méthode 101
- Tikki aux pommes de terre 102
  - ingrédients 102
  - Méthode 103
- Batata Aller 104
  - ingrédients 104
  - Méthode 105
- Mini-brochettes de poulet 106
  - ingrédients 106

Méthode	106
Rissole de lentilles	107
ingrédients	107
Méthode	108
Poha nourrissant	109
ingrédients	109
Méthode	109
Haricots usuels	110
ingrédients	110
Méthode	111
Pain Pakoda au Chutney	112
ingrédients	112
Méthode	112
Methi Khakra Délice	113
ingrédients	113
Méthode	113
Escalope verte	114
ingrédients	114
Méthode	115
Handvo	116
ingrédients	116
Méthode	117
Ghugra	118
ingrédients	118
Méthode	118
Kebab à la banane	120
ingrédients	120

- Méthode 120
- Tartelettes aux légumes 121
  - ingrédients 121
  - Méthode 122
- Haricots germés de Bhel 123
  - ingrédients 123
  - Pour le joint : 123
  - Méthode 124
- Aloo Kachori 125
  - ingrédients 125
  - Méthode 125
- Régime Dosa 127
  - ingrédients 127
  - Méthode 127
- Rouleau Nutri 129
  - ingrédients 129
  - Méthode 130
- Sabudana Palak Doodhi Uttapam 131
  - ingrédients 131
  - Méthode 132
- Poha 133
  - ingrédients 133
  - Méthode 134
- Escalope De Légumes 135
  - ingrédients 135
  - Méthode 136
- Soja en haut 137

ingrédients 137
    Méthode 138
Upma 139
    ingrédients 139
    Méthode 140
Vermicelles Upma 141
    ingrédients 141
    Méthode 142
Bonda 143
    ingrédients 143
    Méthode 144
Dhokla instantané 145
    ingrédients 145
    Méthode 146
Dhal Maharani 147
    ingrédients 147
    Méthode 148
Milagu Kuzhambu 149
    ingrédients 149
    Méthode 150
Dhal Hariyali 151
    ingrédients 151
    Méthode 152
Dhalcha 153
    ingrédients 153
    Méthode 154
Tarkari Dhalcha 155

ingrédients 155

Méthode 156

Dhokar Dhalna 157

ingrédients 157

Méthode 158

Varane 159

ingrédients 159

Méthode 159

Doux Dhal 160

ingrédients 160

Méthode 161

Dhal aigre-doux 162

ingrédients 162

Méthode 163

Mung-ni-Dhal 164

ingrédients 164

Méthode 165

Dhal à l'oignon et à la noix de coco 166

ingrédients 166

Méthode 167

Dahi Kadhi 168

ingrédients 168

Méthode 169

Dhal aux épinards 170

ingrédients 170

Méthode 171

Tawker Dhal 172

ingrédients 172

    Méthode 173

Dhal de base 174

    ingrédients 174

    Méthode 175

Maa-ki-Dhal 176

    ingrédients 176

    Méthode 177

Dhansak 178

    ingrédients 178

    Pour le mélange dhal : 178

    Méthode 179

Masoor Dhal 180

    ingrédients 180

    Méthode 180

Panchemel Dhal 181

    ingrédients 181

    Méthode 182

Cholar Dhal 183

    ingrédients 183

    Méthode 184

Dilpas et Dhal 185

    ingrédients 185

    Méthode 186

Dhal Masoor 187

    ingrédients 187

    Méthode 188

Dhal aux aubergines 189
    ingrédients 189
    Méthode 190
Dhal Tadka jaune 191
    ingrédients 191
    Méthode 192
Rasam 193
    ingrédients 193
    Pour le mélange d'épices : 193
    Méthode 194
Mung Dhal simple 195
    ingrédients 195
    Méthode 195
Mungo vert entier 196
    ingrédients 196
    Méthode 197
Dahi Kadhi avec Pakoras 198
    ingrédients 198
    Pour le Kadhi : 198
    Méthode 199
Dhal à la mangue non mûre et sucrée 200
    ingrédients 200
    Méthode 201
Malai Dhal 202
    ingrédients 202
    Méthode 203
Sambhar 204

- ingrédients 204
  - Pour l'assaisonnement : 204
  - Méthode 205
- Trois dhals 206
  - ingrédients 206
  - Méthode 207
- Methi-Pilon Sambhar 208
  - ingrédients 208
  - Méthode 209
- Dhal Shorba 210
  - ingrédients 210
  - Méthode 210
- Délicieux Mungo 211
  - ingrédients 211
  - Méthode 212
- Masala Toor Dhal 213
  - ingrédients 213
  - Méthode 214
- Mung Dhal jaune sec 215
  - ingrédients 215
  - Méthode 215
- Ourad entier 216
  - ingrédients 216
  - Méthode 217
- Dhal Fry 218
  - ingrédients 218
  - Méthode 219

Dosa instantanée

(Crêpe de riz instantanée)

Il est 10h-12h

ingrédients

85 g de farine de riz

45 g de farine complète

45 g de farine blanche normale

25 g de semoule

60g / 2oz Besan*

1 cuillère à café de cumin moulu

4 piments verts, finement hachés

2 cuillères à soupe de crème sure

Sel au goût

120 ml / 4 fl oz d'huile végétale raffinée

Méthode

- Mélangez tous les ingrédients ensemble, sauf l'huile, avec suffisamment d'eau pour obtenir une pâte épaisse et coulante.

- Faites chauffer une poêle et versez-y une cuillère à café d'huile. Versez 2 cuillères à soupe de pâte et étalez-la avec le dos d'une cuillère pour former une crêpe.

- Laisser mijoter jusqu'à ce que le fond soit doré. Retournez et répétez.

- Retirez délicatement avec une spatule. Répétez l'opération pour le reste de la pâte.

- Servir chaud avec n'importe quel chutney.

Rouleau de patate douce

Rendements 15-20

ingrédients

4 grosses patates douces, cuites à la vapeur et écrasées

175 g de farine de riz

4 cuillères à soupe de miel

20 noix de cajou, légèrement grillées et hachées

20 raisins secs

Sel au goût

2 cuillères à café de graines de sésame

Beurre clarifié pour la friture

Méthode

- Mélangez tous les ingrédients sauf le ghee et les graines de sésame.

- Formez des boules de la taille d'une noix et roulez-les avec des graines de sésame pour les enrober.

- Faites chauffer le ghee dans une poêle antiadhésive. Faites frire les boules à feu moyen jusqu'à ce qu'elles soient dorées. Servir chaud.

Crêpe de pommes de terre

Pour 30

ingrédients

6 grosses pommes de terre, 3 râpées plus 3 bouillies et écrasées

2 oeufs

2 cuillères à soupe de farine blanche naturelle

½ cuillère à café de poivre noir fraîchement moulu

1 petit oignon, finement haché

120 ml de lait

60 ml d'huile végétale raffinée

1 cuillère à café de sel

2 cuillères à soupe d'huile

Méthode

- Mélanger tous les ingrédients ensemble, sauf l'huile, pour former une pâte épaisse.

- Faites chauffer une poêle plate et étalez-y de l'huile. Déposez 2 à 4 grosses cuillères à soupe de pâte et étalez comme une crêpe.

- Cuire chaque côté à feu moyen pendant 3 à 4 minutes jusqu'à ce que la crêpe soit dorée et croustillante sur les bords.

- Répétez l'opération pour le reste de la pâte. Servir chaud.

Murgh Malai Kebab

(Kebab de poulet crémeux)

Rendements 25-30

ingrédients

1 cuillère à café de pâte de gingembre

1 cuillère à café de pâte d'ail

2 piments verts

25 g de feuilles de coriandre finement hachées

3 cuillères à soupe de crème

1 cuillère à café de farine blanche naturelle

125 g de cheddar râpé

1 cuillère à café de sel

500 g de poulet désossé, finement haché

Méthode

- Mélangez tous les ingrédients, sauf le poulet.

- Faites mariner les morceaux de poulet avec le mélange pendant 4 à 6 heures.

- Placer dans un plat allant au four et cuire au four à 165 ºC (325 ºF, thermostat 4) pendant environ 20 à 30 minutes, jusqu'à ce que le poulet soit légèrement brun.

- Servir chaud avec un chutney à la menthe

Bouffées Keema

(Bretzels fourrés à la viande hachée)

Pour 12

ingrédients

250 g de farine blanche normale

½ cuillère à soupe de sel

½ cuillère à café de levure chimique

1 cuillère à soupe de beurre clarifié

100 ml / 3½fl oz d'eau

2 cuillères à soupe d'huile végétale raffinée

2 oignons de taille moyenne, hachés finement

¾ cuillère à café de pâte de gingembre

¾ cuillère à café de pâte d'ail

6 piments verts, finement hachés

1 grosse tomate, hachée finement

½ cuillère à café de curcuma

½ cuillère à café de poudre de chili

1 cuillère à café de garam masala

125 g de petits pois surgelés

4 cuillères à soupe de yaourt

2 cuillères à soupe d'eau

50 g de feuilles de coriandre finement hachées

500 g de poulet haché

Méthode

- Tamisez ensemble la farine, le sel et la levure. Ajoutez le ghee et l'eau. Pétrir pour former une pâte. Laissez reposer 30 minutes et pétrissez à nouveau. Mettre à part.

- Chauffer l'huile dans une casserole. Ajouter les oignons, la pâte de gingembre, la pâte d'ail et les piments verts. Faire revenir 2 minutes à feu moyen.

- Ajoutez la tomate, le curcuma, la poudre de chili, le garam masala et un peu de sel. Bien mélanger et cuire 5 minutes en remuant souvent.

- Ajouter les petits pois, le yaourt, l'eau, les feuilles de coriandre et le poulet haché. Bien mélanger. Cuire 15 minutes en remuant de temps en temps jusqu'à ce que le mélange devienne sec. Mettre à part.

- Etalez la pâte en un grand disque. Coupez en forme de carré, puis découpez 12 petits rectangles dans le carré.

- Placer le mélange de viande hachée au centre de chaque rectangle et rouler comme du papier sucré.

- Cuire au four à 175 ºC (350 ºF, thermostat 4) pendant 10 minutes. Servir chaud.

Pakoda aux œufs

(Snack aux œufs au plat)

Pour 20

ingrédients

3 œufs battus

3 tranches de pain, coupées en quartiers

125 g de cheddar râpé

1 oignon, finement haché

3 piments verts, finement hachés

1 cuillère à soupe de feuilles de coriandre hachées

½ cuillère à café de poivre noir moulu

½ cuillère à café de poudre de chili

Sel au goût

Huile végétale raffinée pour la friture

Méthode

- Mélangez tous les ingrédients ensemble, sauf l'huile.

- Faites chauffer l'huile dans une poêle antiadhésive. Ajouter des cuillerées de mélange. Faire frire à feu moyen jusqu'à ce qu'ils soient dorés.

- Égoutter sur du papier absorbant. Servir chaud.

Dosa aux œufs

(Crêpe au riz et aux œufs)

Pour 12 à 14 personnes

ingrédients

150 g d'urad dhal*

100 g de riz cuit à la vapeur

Sel au goût

4 oeufs battus

Poivre noir moulu au goût

25 g / 1 once d'oignon maigre, finement haché

2 cuillères à soupe de feuilles de coriandre hachées

1 cuillère à soupe d'huile végétale raffinée

1 cuillère à soupe de beurre

Méthode

- Faire tremper le dhal et le riz ensemble pendant 4 heures. Salez et broyez jusqu'à obtenir une pâte épaisse. Laissez fermenter toute la nuit.

- Beurrer et chauffer une poêle plate. Étalez dessus 2 cuillères à soupe de pâte.

- Versez 3 cuillères à soupe d'œuf sur la pâte. Saupoudrer de poivron, d'oignon et de feuilles de coriandre. Versez un peu d'huile sur les bords et laissez cuire 2 minutes. Retournez délicatement et laissez cuire encore 2 minutes.

- Répétez l'opération pour le reste de la pâte. Déposez une noix de beurre sur chaque dosa et servez chaud avec un chutney de coco

Khasta Kachori

(Boulette de lentilles frites épicées)

Pour 12-15

ingrédients

200 g / 7 onces d'huile d'olive extra vierge*

300 g de farine blanche normale

Sel au goût

200 ml / 7 fl oz d'eau

2 cuillères à soupe d'huile végétale raffinée plus pour la friture

Pincée d'asafoetida

225 g de dhal mungo*, laisser tremper pendant une heure et égoutter

1 cuillère à café de curcuma

1 cuillère à café de coriandre moulue

4 cuillères à café de graines de fenouil

2-3 clous de girofle

1 cuillère à soupe de feuilles de coriandre finement hachées

3 piments verts, finement hachés

2,5 cm de racine de gingembre finement hachée

1 cuillère à soupe de feuilles de menthe finement hachées

¼ cuillère à café de poudre de chili

1 cuillère à café d'amchoor*

Méthode

- Pétrir le besan, la farine et un peu de sel avec suffisamment d'eau jusqu'à obtenir une pâte ferme. Mettre à part.

- Chauffer l'huile dans une casserole. Ajoutez l'asafoetida et laissez-la crépiter pendant 15 secondes. Ajoutez le dhal et faites revenir 5 minutes à feu moyen en remuant constamment.

- Ajouter le curcuma, la coriandre moulue, les graines de fenouil, les clous de girofle, les feuilles de coriandre, les piments verts, le gingembre, les feuilles de menthe, la poudre de piment et l'ambour. Bien mélanger et cuire 10 à 12 minutes. Mettre à part.

- Divisez la pâte en boules de la taille d'un citron. Aplatissez-les et étalez-les en petits disques de 12,5 cm de diamètre.

- Placez une cuillerée du mélange de dhal au centre de chaque disque. Sceller comme un sac et aplatir en puri. Mettre à part.

- Chauffer l'huile dans une casserole. Faites frire les puris jusqu'à ce qu'ils gonflent.

- Servir chaud avec un chutney de noix de coco verte

Dhokla de légumineuses mélangées

(Gâteau cuit à la vapeur avec un mélange de légumineuses)

Pour 20

ingrédients

125 g de haricots mungo entiers*

125 g de Kaala Chana*

60g / 2oz de gramme turc

50 g de petits pois secs

75 g de haricots urad*

2 cuillères à café de piments verts

Sel au goût

Méthode

- Faire tremper ensemble les haricots mungo, le kaala chana, le gramme turc et les pois secs. Faites tremper les haricots urad séparément. Réserver 6 heures.

- Broyez tous les ingrédients trempés ensemble pour obtenir une pâte épaisse. Fermenter pendant 6 heures.

- Ajouter les piments verts et le sel. Bien mélanger et verser dans un moule à cake rond de 20 cm et cuire à la vapeur 10 minutes.

- Découpé en forme de losange. Servir avec un chutney à la menthe

Frankie

Il est 10h-12h

ingrédients

1 cuillère à café de chaat masala*

½ cuillère à café de garam masala

½ cuillère à café de cumin moulu

4 grosses pommes de terre bouillies et écrasées

Sel au goût

10-12 chapatis

Huile végétale raffinée pour graisser

2-3 piments verts finement hachés et trempés dans du vinaigre blanc

2 cuillères à soupe de feuilles de coriandre finement hachées

1 oignon, finement haché

Méthode

- Mélangez le chaat masala, le garam masala, le cumin moulu, les pommes de terre et le sel. Mélangez bien et mettez de côté.

- Faites chauffer une poêle et placez-y un chapatti.

- Étalez un filet d'huile sur les chapatti et retournez-les pour les faire frire d'un côté. Répétez pour l'autre côté.

- Étalez uniformément une couche du mélange de pommes de terre sur les chapatti chauds.

- Saupoudrez de piments verts, de feuilles de coriandre et d'oignon.

- Roulez les chapatis pour que le mélange de pommes de terre soit à l'intérieur.

- Rôtir à sec le rouleau sur la poêle jusqu'à ce qu'il soit doré et servir chaud.

Délice Besan & Fromage

Pour 25

ingrédients

2 oeufs

250 g de fromage cheddar râpé

1 cuillère à café de poivre noir moulu

1 cuillère à café de moutarde moulue

½ cuillère à café de poudre de chili

60 ml d'huile végétale raffinée

Pour le mélange besan :

50 g de semoule sèche grillée

375 g / 13 oz de besan*

200 g de chou râpé

1 cuillère à café de pâte de gingembre

1 cuillère à café de pâte d'ail

Une pincée de levure chimique

Sel au goût

Méthode

- Bien battre 1 œuf. Ajouter le fromage cheddar, le poivre, la moutarde moulue et la poudre de chili. Mélangez bien et mettez de côté.

- Mélangez les ingrédients du mélange de besan ensemble. Transférer dans un moule à cake rond de 20 cm et cuire à la vapeur pendant 20 minutes. Une fois refroidis, coupez-les en 25 morceaux et étalez sur chacun le mélange œufs-fromage.

- Chauffer l'huile dans une casserole. Faites frire les morceaux à feu moyen jusqu'à ce qu'ils soient dorés. Servir chaud avec un chutney de noix de coco verte

Chili Idli

Pour 4 personnes

ingrédients

3 cuillères à soupe d'huile végétale raffinée

1 cuillère à café de graines de moutarde

1 petit oignon, tranché

½ cuillère à café de garam masala

1 cuillère à soupe de ketchup

4 idlis hachés

Sel au goût

2 cuillères à soupe de feuilles de coriandre

Méthode

- Chauffer l'huile dans une casserole. Ajoutez les graines de moutarde. Laissez-les crépiter pendant 15 secondes.

- Ajouter tous les ingrédients restants, sauf les feuilles de coriandre. Bien mélanger.

- Cuire à feu moyen pendant 4 à 5 minutes en remuant doucement. Garnir de feuilles de coriandre. Servir chaud.

Canapé aux épinards

Pour 10

ingrédients

2 cuillères à soupe de beurre

10 tranches de pain, coupées en quartiers

2 cuillères à soupe de beurre clarifié

1 oignon, finement haché

300 g d'épinards finement hachés

Sel au goût

125 g de fromage de chèvre égoutté

4 cuillères à soupe de fromage cheddar râpé

Méthode

- Beurrer les deux côtés des morceaux de pain et cuire au four préchauffé à 200 ºC (400 ºF, thermostat 6) pendant 7 minutes. Mettre à part.

- Faites chauffer le ghee dans une casserole. Faire revenir l'oignon jusqu'à ce qu'il soit doré. Ajoutez les épinards et le sel. Cuire 5 minutes. Ajoutez le fromage de chèvre et mélangez bien.

- Étalez le mélange d'épinards sur les morceaux de pain grillé. Saupoudrer de fromage cheddar râpé et cuire au four à 130°C (250°F, Gas Mark ½) jusqu'à ce que le fromage fonde. Servir chaud.

Paushtik Chaat

(Collation santé)

Pour 4 personnes

ingrédients

3 cuillères à café d'huile végétale raffinée

½ cuillère à café de graines de cumin

1 pouce de racine de gingembre, hachée

1 petite pomme de terre bouillie et hachée

1 cuillère à café de garam masala

Sel au goût

Poivre noir moulu au goût

250 g de haricots mungo, cuits

300 g de haricots borlotti en conserve

300 g de pois chiches en conserve

10 g de feuilles de coriandre hachées

1 cuillère à café de jus de citron

Méthode

- Chauffer l'huile dans une casserole. Ajoutez les graines de cumin. Laissez-les crépiter pendant 15 secondes.
- Ajoutez le gingembre, la pomme de terre, le garam masala, le sel et le poivre. Faire frire à feu moyen pendant 3 minutes. Ajoutez les haricots mungo, les haricots rouges et les pois chiches. Cuire à feu moyen pendant 8 minutes.
- Garnir de feuilles de coriandre et de jus de citron. Servir froid.

Rouleau de chou

Pour 4 personnes

ingrédients

1 cuillère à soupe de farine blanche naturelle

3 cuillères à soupe d'eau

Sel au goût

2 cuillères à soupe d'huile végétale raffinée plus pour la friture

1 cuillère à café de graines de cumin

100 g de mélange de légumes surgelés

1 cuillère à soupe de crème liquide

2 cuillères à soupe de paner*

¼ cuillère à café de curcuma

1 cuillère à café de poudre de chili

1 cuillère à café de coriandre moulue

1 cuillère à café de cumin moulu

8 grosses feuilles de chou, trempées dans l'eau chaude pendant 2-3 minutes et égouttées

Méthode

- Mélangez la farine, l'eau et le sel jusqu'à obtenir une pâte épaisse. Mettre à part.
- Chauffer l'huile dans une casserole. Ajoutez les graines de cumin et laissez-les crépiter 15 secondes. Ajouter tous les ingrédients restants, sauf les feuilles de chou. Cuire à feu moyen pendant 2-3 minutes en remuant souvent.
- Déposez des cuillerées de ce mélange au centre de chaque feuille de chou. Pliez les feuilles et scellez les extrémités avec la pâte de farine.
- Faites chauffer l'huile dans une poêle antiadhésive. Trempez les rouleaux de chou dans la pâte de farine et faites-les frire. Servir chaud.

Pain aux tomates

Pour 4

ingrédients

1 ½ cuillères à soupe d'huile végétale raffinée

150 g de purée de tomates

3-4 feuilles de curry

2 piments verts, finement hachés

Sel au goût

2 grosses pommes de terre, bouillies et tranchées

6 tranches de pain, râpées

10 g de feuilles de coriandre hachées

Méthode

- Chauffer l'huile dans une casserole. Ajouter la pâte de tomate, les feuilles de curry, les piments verts et le sel. Cuire 5 minutes.
- Ajoutez les pommes de terre et le pain. Cuire à feu doux pendant 5 minutes.
- Garnir de feuilles de coriandre. Servir chaud.

Boulettes de maïs et fromage

Rendements 8-10

ingrédients

200 g de maïs sucré

250 g de mozzarella râpée

4 grosses pommes de terre bouillies et écrasées

2 piments verts, finement hachés

2,5 cm de racine de gingembre finement hachée

1 cuillère à soupe de feuilles de coriandre hachées

1 cuillère à café de jus de citron

50 g de chapelure

Sel au goût

Huile végétale raffinée pour la friture

50 g de semoule

Méthode

- Dans un bol, mélanger tous les ingrédients ensemble, sauf l'huile et la semoule. Divisez en 8 à 10 boules.
- Chauffer l'huile dans une casserole. Roulez les boules dans la semoule et faites-les frire à feu moyen jusqu'à ce qu'elles soient dorées. Servir chaud.

Flocons de maïs Chivda

(Snack de corn flakes rôtis)

Donne 500 g / 1 lb 2 oz

ingrédients

250 g de cacahuètes

150 g de chana dhal*

100 g de raisins secs

125 g de noix de cajou

200 g de cornflakes

60 ml d'huile végétale raffinée

7 piments verts, coupés en tranches

25 feuilles de curry

½ cuillère à café de curcuma

2 cuillères à café de sucre

Sel au goût

Méthode

- Cacahuètes rôties à sec, chana dhal, raisins secs, noix de cajou et cornflakes jusqu'à ce qu'ils soient croustillants. Mettre à part.
- Chauffer l'huile dans une casserole. Ajoutez les piments verts, les feuilles de curry et le curcuma. Faire frire à feu moyen pendant une minute.
- Ajoutez le sucre, le sel et tous les ingrédients grillés. Faire sauter pendant 2-3 minutes.
- Laisser refroidir et conserver dans un contenant hermétique jusqu'à 8 jours.

Rouleau de noix

Pour 20-25

ingrédients

140 g de farine blanche normale

240 ml de lait

1 cuillère à soupe de beurre

Sel au goût

Poivre noir moulu au goût

½ cuillère à soupe de feuilles de coriandre finement hachées

3-4 cuillères à soupe de fromage cheddar, râpé

¼ cuillère à café de muscade, râpée

125 g de noix de cajou grossièrement moulues

125 g de cacahuètes grossièrement moulues

50 g de chapelure

Huile végétale raffinée pour la friture

Méthode

- Mélangez 85 g de farine avec le lait dans une casserole. Ajouter le beurre et cuire le mélange en remuant constamment à feu doux jusqu'à épaississement.
- Ajoutez le sel et le poivre. Laissez le mélange refroidir pendant 20 minutes.
- Ajouter les feuilles de coriandre, le cheddar, la muscade, les noix de cajou et les cacahuètes. Bien mélanger. Mettre à part.
- Saupoudrer la moitié de la chapelure sur une plaque.
- Versez des cuillères à café du mélange de farine sur la chapelure et réalisez des petits pains. Mettre à part.
- Mélangez le reste de la farine avec suffisamment d'eau pour obtenir une pâte fine. Trempez les petits pains dans la pâte et roulez-les à nouveau dans la chapelure.
- Chauffer l'huile dans une casserole. Faites frire les rouleaux à feu moyen jusqu'à ce qu'ils soient dorés.
- Servir chaud avec du ketchup ou du chutney de noix de coco verte

Rouleaux de chou à la viande hachée

Pour 12

ingrédients

1 cuillère à soupe d'huile végétale raffinée et un peu pour la friture

2 oignons, finement hachés

2 tomates, hachées finement

½ cuillère à soupe de pâte de gingembre

½ cuillère à soupe de pâte d'ail

2 piments verts, tranchés

½ cuillère à café de curcuma

½ cuillère à café de poudre de chili

¼ cuillère à café de poivre noir moulu

500 g de poulet haché

200 g de petits pois surgelés

2 petites pommes de terre, coupées en dés

1 grosse carotte, coupée en dés

Sel au goût

25 g de feuilles de coriandre finement hachées

12 grosses feuilles de chou, blanchies

2 oeufs battus

100 g de chapelure

Méthode

- Faites chauffer 1 cuillère à soupe d'huile dans une casserole. Faites frire les oignons jusqu'à ce qu'ils soient translucides.
- Ajouter les tomates, la pâte de gingembre, la pâte d'ail, les piments verts, le curcuma, la poudre de piment et le poivre. Bien mélanger et faire revenir 2 minutes à feu moyen.
- Ajoutez le poulet haché, les petits pois, les pommes de terre, les carottes, le sel et les feuilles de coriandre. Laisser mijoter 20 à 30 minutes en remuant de temps en temps. Refroidissez le mélange pendant 20 minutes.
- Placez des cuillères à soupe du mélange haché dans une feuille de chou et roulez-la. Répétez l'opération pour les feuilles restantes. Fixez les rouleaux avec un cure-dent.
- Chauffer l'huile dans une casserole. Tremper les rouleaux dans l'œuf, couvrir de chapelure et faire frire jusqu'à ce qu'ils soient dorés.
- Égoutter et servir chaud.

Pav Bhaji

(Légumes épicés avec du pain)

Pour 4 personnes

ingrédients

2 grosses pommes de terre bouillies

200 g de légumes mélangés surgelés (poivrons verts, carottes, chou-fleur et petits pois)

2 cuillères à soupe de beurre

1 ½ cuillères à café de pâte d'ail

2 gros oignons, râpés

4 grosses tomates hachées

250 ml / 8 onces liquides d'eau

2 cuillères à café de Pav Bhaji Masala*

1½ cuillère à café de poudre de chili

¼ cuillère à café de curcuma

Jus de 1 citron

Sel au goût

1 cuillère à soupe de feuilles de coriandre hachées

Beurre à rôtir

4 pains à hamburger, coupés en deux

1 gros oignon, finement haché

Tranches de citrons

Méthode

- Écrasez bien les légumes. Mettre à part.
- Faites chauffer le beurre dans une casserole. Ajouter la pâte d'ail et les oignons et faire revenir jusqu'à ce que les oignons soient dorés. Ajouter les tomates et faire revenir, en remuant de temps en temps, à feu moyen pendant 10 minutes.
- Ajouter la purée de légumes, l'eau, le pav bhaji masala, la poudre de piment, le curcuma, le jus de citron et le sel. Laisser mijoter jusqu'à ce que la sauce soit épaisse. Écrasez et laissez cuire 3 à 4 minutes en remuant constamment. Saupoudrer les feuilles de coriandre et bien mélanger. Mettre à part.
- Faites chauffer une poêle plate. Étalez un peu de beurre et faites rôtir les pains à hamburger jusqu'à ce qu'ils soient croustillants des deux côtés.
- Servir le mélange de légumes chaud avec les sandwichs, accompagné des tranches d'oignon et de citron.

Escalope De Soja

Pour 10

ingrédients

300 g de dhal mungo*, laisser tremper pendant 4 heures

Sel au goût

400 g de granulés de soja, trempés dans de l'eau tiède pendant 15 minutes

1 gros oignon, finement haché

2-3 piments verts, finement hachés

1 cuillère à café d'amchoor*

1 cuillère à café de garam masala

2 cuillères à soupe de feuilles de coriandre hachées

Paner 150g*ou tofu, râpé

Huile végétale raffinée pour la friture

Méthode

- Ne videz pas le dhal. Salez et faites cuire dans une casserole à feu moyen pendant 40 minutes. Mettre à part.
- Égouttez les granules de soja. Mélanger avec le dhal et réduire en une pâte épaisse.

- Dans une casserole antiadhésive, mélangez cette pâte avec tous les autres ingrédients, sauf l'huile. Cuire à feu doux jusqu'à ce qu'il soit sec.
- Divisez le mélange en boules de la taille d'un citron et formez des escalopes.
- Chauffer l'huile dans une casserole. Faites frire les escalopes jusqu'à ce qu'elles soient dorées.
- Servir chaud avec un chutney à la menthe

Bhel de maïs

(Snack de maïs épicé)

Pour 4 personnes

ingrédients

200 g de grains de maïs bouillis

100 g d'oignons nouveaux finement hachés

1 pomme de terre bouillie, pelée et hachée finement

1 tomate, hachée finement

1 concombre, haché finement

10 g de feuilles de coriandre hachées

1 cuillère à café de chaat masala*

2 cuillères à café de jus de citron

1 cuillère à soupe de chutney à la menthe

Sel au goût

Méthode

- Dans un bol, mélanger tous les ingrédients pour bien mélanger.
- Sers immédiatement.

Methi Gota

(Boulette de fenugrec frite)

Pour 20

ingrédients

500g / 1lb 2oz de besan*

45 g de farine complète

125 g de yaourt

4 cuillères à soupe d'huile végétale raffinée et un peu pour la friture

2 cuillères à café de bicarbonate de soude

50 g de feuilles de fenugrec fraîches hachées finement

50 g de feuilles de coriandre finement hachées

1 banane mûre, pelée et écrasée

1 cuillère à soupe de graines de coriandre

10-15 grains de poivre noir

2 piments verts

½ cuillère à café de pâte de gingembre

½ cuillère à café de garam masala

Pincée d'asafoetida

1 cuillère à café de poudre de chili

Sel au goût

Méthode
- Mélangez le besan, la farine et le yaourt.
- Ajoutez 2 cuillères à soupe d'huile et le bicarbonate de soude. Laisser fermenter pendant 2-3 heures.
- Ajouter tous les ingrédients restants, sauf l'huile. Bien mélanger pour obtenir une pâte épaisse.
- Faites chauffer 2 cuillères à soupe d'huile et ajoutez-les à la pâte. Bien mélanger et laisser reposer 5 minutes.
- Faites chauffer le reste de l'huile dans une casserole. Versez de petites cuillerées de pâte dans l'huile et faites frire jusqu'à ce qu'elles soient dorées.
- Égoutter sur du papier absorbant. Servir chaud.

Idli

(Gâteau de riz cuit à la vapeur)

Pour 4 personnes

ingrédients

500 g de riz trempé toute la nuit

300g/10oz d'urad dhal*, laisser tremper toute la nuit

1 cuillère à soupe de sel

Une pincée de bicarbonate de soude

Huile végétale raffinée pour graisser

Méthode

- Égouttez le riz et le dhal et broyez-les ensemble.
- Ajoutez le sel et le bicarbonate de soude. Laisser fermenter pendant 8 à 9 heures.
- Beurrer les moules à cupcakes. Versez-y le mélange de riz et de dhal pour qu'ils soient à moitié pleins. Cuire à la vapeur pendant 10 à 12 minutes.
- Retirez les idlis. Servir chaud avec un chutney de noix de coco

Idli Plus

(Gâteau de riz cuit à la vapeur avec assaisonnement)

Pour 6 personnes

ingrédients

500 g de riz trempé toute la nuit

300g/10oz d'urad dhal*, laisser tremper toute la nuit

1 cuillère à soupe de sel

¼ cuillère à café de curcuma

1 cuillère à soupe de sucre cristallisé

Sel au goût

1 cuillère à soupe d'huile végétale raffinée

½ cuillère à café de graines de cumin

½ cuillère à café de graines de moutarde

Méthode

- Égouttez le riz et le dhal et broyez-les ensemble.
- Ajoutez du sel et laissez fermenter pendant 8 à 9 heures.
- Ajoutez le curcuma, le sucre et le sel. Mélangez bien et mettez de côté.
- Chauffer l'huile dans une casserole. Ajoutez le cumin et les graines de moutarde. Laissez-les crépiter pendant 15 secondes.
- Ajouter le mélange de riz et de dhal. Couvrir avec un couvercle et laisser cuire 10 minutes.
- Découvrez et remuez le mélange. Couvrez à nouveau et laissez cuire 5 minutes.
- Percez l'idli avec une fourchette. Si la fourchette ressort propre, l'idli est cuit.
- Coupez-le en morceaux et servez chaud avec un chutney de noix de coco.

Sandwich Masala

Pour 6

ingrédients

2 cuillères à café d'huile végétale raffinée

1 petit oignon, finement haché

¼ cuillère à café de curcuma

1 grosse tomate, hachée finement

1 grosse pomme de terre, bouillie et écrasée

1 cuillère à soupe de petits pois bouillis

1 cuillère à café de chaat masala*

Sel au goût

10 g de feuilles de coriandre hachées

50 g de beurre

12 tranches de pain

Méthode

- Chauffer l'huile dans une casserole. Ajouter l'oignon et faire revenir jusqu'à ce qu'il soit translucide.
- Ajoutez le curcuma et la tomate. Faire sauter à feu moyen pendant 2-3 minutes.
- Ajoutez la pomme de terre, les pois, le chaat masala, le sel et les feuilles de coriandre. Bien mélanger et cuire une minute à feu doux. Mettre à part.
- Beurrer les tranches de pain. Disposez une couche de mélange de légumes sur six tranches. Couvrir avec les tranches restantes et griller 10 minutes. Retourner et griller à nouveau pendant 5 minutes. Servir chaud.

Kebab à la menthe

Pour 8

ingrédients

10 g de feuilles de menthe hachées finement

500 g de fromage de chèvre égoutté

2 cuillères à café de farine de maïs

10 noix de cajou, hachées grossièrement

½ cuillère à café de poivre noir moulu

1 cuillère à café d'amchoor*

Sel au goût

Huile végétale raffinée pour la friture

Méthode

- Mélangez tous les ingrédients ensemble, sauf l'huile. Pétrir jusqu'à obtenir une pâte souple mais compacte. Divisez-les en 8 boules de la taille d'un citron et écrasez-les.
- Chauffer l'huile dans une casserole. Faites frire les brochettes à feu moyen jusqu'à ce qu'elles soient dorées.
- Servir chaud avec un chutney à la menthe

Sevia Upma aux légumes

(Snack de vermicelles de légumes)

Pour 4 personnes

ingrédients

5 cuillères à soupe d'huile végétale raffinée

1 gros poivron vert, finement haché

¼ cuillère à café de graines de moutarde

2 piments verts, coupés dans le sens de la longueur

200 g de vermicelles

8 feuilles de curry

Sel au goût

Pincée d'asafoetida

50 g de haricots verts finement hachés

1 carotte, hachée finement

50 g de petits pois surgelés

1 gros oignon, finement haché

25 g de feuilles de coriandre finement hachées

Jus d'1 citron (facultatif)

Méthode

- Faites chauffer 2 cuillères à soupe d'huile dans une casserole. Faites frire le poivron vert pendant 2-3 minutes. Mettre à part.
- Faites chauffer 2 cuillères à soupe d'huile dans une autre casserole. Ajoutez les graines de moutarde. Laissez-les crépiter pendant 15 secondes.
- Ajoutez les piments verts et les vermicelles. Faire revenir 1 à 2 minutes à feu moyen, en remuant de temps en temps. Ajouter les feuilles de curry, le sel et l'asafoetida.
- Mouiller avec un peu d'eau et ajouter le poivron vert frit, les haricots verts, la carotte, les petits pois et l'oignon. Bien mélanger et cuire 3 à 4 minutes à feu moyen.
- Couvrir avec un couvercle et cuire encore une minute.
- Saupoudrer de feuilles de coriandre et de jus de citron. Servir chaud avec un chutney de noix de coco

Bhel

(Snack de riz soufflé)

Pour 4-6 personnes

ingrédients

2 grosses pommes de terre bouillies et coupées en cubes

2 gros oignons, finement hachés

125 g de cacahuètes grillées

2 cuillères à soupe de cumin moulu, grillé à sec

300 g / 10 oz de mélange Bhel

Chutney de mangue piquant et sucré 250g

60 g de chutney à la menthe

Sel au goût

25 g/1 once de feuilles de coriandre, hachées

Méthode

- Mélangez les pommes de terre, les oignons, les cacahuètes et le cumin moulu avec le Bhel Mix. Ajoutez les chutneys et le sel. Lance à mélanger.
- Garnir de feuilles de coriandre. Sers immédiatement.

Sabudana Khichdi

(Snack de sagou avec pommes de terre et cacahuètes)

Pour 6 personnes

ingrédients

300 g de sagou

250 ml / 8 onces liquides d'eau

250 g de cacahuètes grossièrement moulues

Sel au goût

2 cuillères à café de sucre cristallisé

25 g/1 once de feuilles de coriandre, hachées

2 cuillères à soupe d'huile végétale raffinée

1 cuillère à café de graines de cumin

5-6 piments verts, finement hachés

100 g de pommes de terre bouillies et hachées

Méthode

- Faire tremper le sagou toute la nuit dans l'eau. Ajouter les cacahuètes, le sel, le sucre semoule et les feuilles de coriandre et bien mélanger. Mettre à part.
- Chauffer l'huile dans une casserole. Ajouter les graines de cumin et les piments verts. Faites frire environ 30 secondes.
- Ajouter les pommes de terre et faire revenir 1 à 2 minutes à feu moyen.
- Ajoutez le mélange de sagou. Remuer et bien mélanger.
- Couvrir avec un couvercle et laisser mijoter 2-3 minutes. Servir chaud.

Dhokla simple

(Gâteau simple cuit à la vapeur)

Pour 25

ingrédients

250 g de chana dhal*, laisser tremper toute la nuit et égoutter

2 piments verts

1 cuillère à café de pâte de gingembre

Pincée d'asafoetida

½ cuillère à café de bicarbonate de soude

Sel au goût

2 cuillères à soupe d'huile végétale raffinée

½ cuillère à café de graines de moutarde

4-5 feuilles de curry

4 cuillères à soupe de noix de coco fraîche, râpée

10 g de feuilles de coriandre hachées

Méthode

- Broyez le dhal en une pâte grossière. Laisser fermenter 6 à 8 heures.
- Ajoutez les piments verts, la pâte de gingembre, l'asafoetida, le bicarbonate de soude, le sel, 1 cuillère à soupe d'huile et un peu d'eau. Bien mélanger.
- Beurrez un moule à cake rond de 20 cm et remplissez-le de pâte.
- Cuire à la vapeur pendant 10 à 12 minutes. Mettre à part.
- Faites chauffer le reste de l'huile dans une casserole. Ajoutez les graines de moutarde et les feuilles de curry. Laissez-les crépiter pendant 15 secondes.
- Versez-le sur les dhoklas. Garnir de feuilles de cocotier et de coriandre. Couper en morceaux et servir chaud.

Jaldi de pomme de terre

Pour 4 personnes

ingrédients

2 cuillères à café d'huile végétale raffinée

1 cuillère à café de graines de cumin

1 piment vert, haché

½ cuillère à café de sel noir

1 cuillère à café d'amchoor*

1 cuillère à café de coriandre moulue

4 grosses pommes de terre bouillies et coupées en cubes

2 cuillères à soupe de feuilles de coriandre hachées

Méthode

- Chauffer l'huile dans une casserole. Ajoutez les graines de cumin et laissez-les crépiter 15 secondes.
- Ajoutez tous les autres ingrédients. Bien mélanger. Laisser mijoter 3-4 minutes. Servir chaud.

Dhokla orange

(Gâteau à l'orange cuit à la vapeur)

Pour 25

ingrédients

- 50 g de semoule
- 250g/9oz de besan*
- 250 ml de crème sure
- Sel au goût
- 100 ml / 3½fl oz d'eau
- 4 gousses d'ail
- 1 cm de racine de gingembre
- 3-4 piments verts
- 100 g de carottes râpées
- ¾ cuillère à café de bicarbonate de soude
- ¼ cuillère à café de curcuma
- Huile végétale raffinée pour graisser
- 1 cuillère à café de graines de moutarde
- 10-12 feuilles de curry
- 50g de noix de coco râpée

25 g de feuilles de coriandre finement hachées

Méthode

- Mélanger la semoule, le besan, la crème sure, le sel et l'eau. Laisser fermenter toute la nuit.
- Broyer ensemble l'ail, le gingembre et le piment.
- Ajouter à la pâte fermentée avec la carotte, le bicarbonate de soude et le curcuma. Bien mélanger.
- Beurrer un moule à cake rond de 20 cm avec un filet d'huile. Versez la pâte dedans. Cuire à la vapeur pendant environ 20 minutes. Laisser refroidir et couper en morceaux.
- Faites chauffer un peu d'huile dans une casserole. Ajoutez les graines de moutarde et les feuilles de curry. Faites-les frire pendant 30 secondes. Versez-le sur les morceaux de dhokla.
- Garnir de feuilles de cocotier et de coriandre. Servir chaud.

Chou Muthia

(Croquettes de chou vapeur)

Pour 4 personnes

ingrédients

250 g de farine complète

100 g de chou haché

½ cuillère à café de pâte de gingembre

½ cuillère à café de pâte d'ail

Sel au goût

2 cuillères à café de sucre

1 cuillère à soupe de jus de citron

2 cuillères à soupe d'huile végétale raffinée

1 cuillère à café de graines de moutarde

1 cuillère à soupe de feuilles de coriandre hachées

Méthode

- Mélangez la farine, le chou, la pâte de gingembre, la pâte d'ail, le sel, le sucre, le jus de citron et 1 cuillère à soupe d'huile. Pétrir jusqu'à obtenir une pâte souple.

- Réalisez 2 longs sandwichs avec la pâte. Cuire à la vapeur pendant 15 minutes. Laisser refroidir et couper en tranches. Mettre à part.

- Faites chauffer le reste de l'huile dans une casserole. Ajoutez les graines de moutarde. Laissez-les crépiter pendant 15 secondes.

- Ajouter les petits pains tranchés et faire revenir à feu moyen jusqu'à ce qu'ils soient dorés. Garnir de feuilles de coriandre et servir au chaud.

Rava Dhokla

(Gâteau de semoule cuit à la vapeur)

Rendements 15-18

ingrédients

200 g de semoule

240 ml de crème sure

2 cuillères à café de piments verts

Sel au goût

1 cuillère à café de poudre de piment rouge

1 cuillère à café de poivre noir moulu

Méthode

- Mélangez la semoule et la crème sure ensemble. Fermenter pendant 5 à 6 heures.
- Ajouter les piments verts et le sel. Bien mélanger.
- Versez le mélange de semoule dans un moule à cake rond de 20 cm. Saupoudrer de poudre de chili et de poivre. Cuire à la vapeur pendant 10 minutes.
- Couper en morceaux et servir chaud avec un chutney de menthe

Chapatti Upma

(Snack Chapatti rapide)

Pour 4 personnes

ingrédients

6 restes de chapatis cassés en petits morceaux

2 cuillères à soupe d'huile végétale raffinée

¼ cuillère à café de graines de moutarde

10-12 feuilles de curry

1 oignon de taille moyenne, haché

2-3 piments verts, finement hachés

¼ cuillère à café de curcuma

Jus de 1 citron

1 cuillère à café de sucre

Sel au goût

10 g de feuilles de coriandre hachées

Méthode

- Chauffer l'huile dans une casserole. Ajoutez les graines de moutarde. Laissez-les crépiter pendant 15 secondes.
- Ajouter les feuilles de curry, l'oignon, les piments et le curcuma. Faire revenir à feu moyen jusqu'à ce que l'oignon devienne brun clair. Ajoutez les chapatis.
- Arrosez de jus de citron, de sucre et de sel. Bien mélanger et cuire à feu moyen pendant 5 minutes. Garnir de feuilles de coriandre et servir au chaud.

Mung Dhokla

(Gâteau mungo cuit à la vapeur)

Il est environ 20 heures

ingrédients

250 g de dhal mungo*, laisser tremper pendant 2 heures

150 ml de crème sure

2 cuillères à soupe d'eau

Sel au goût

2 carottes râpées ou 25 g de chou râpé

Méthode

- Égouttez le dhal et broyez-le.
- Ajouter la crème sure et l'eau et laisser fermenter pendant 6 heures. Ajoutez le sel et mélangez bien pour obtenir la pâte.
- Beurrez un moule à cake rond de 20 cm et versez-y la pâte. Saupoudrer de carottes ou de chou. Cuire à la vapeur pendant 7 à 10 minutes.
- Couper en morceaux et servir avec un chutney de menthe

Escalope de viande Mughlai

(Escalope de Viande Riche)

Pour 12

ingrédients

1 cuillère à café de pâte de gingembre

1 cuillère à café de pâte d'ail

Sel au goût

500 g d'agneau désossé, haché

240 ml / 8 fl oz d'eau

1 cuillère à soupe de cumin moulu

¼ cuillère à café de curcuma

Huile végétale raffinée pour la friture

2 oeufs battus

50 g de chapelure

Méthode

- Mélangez la pâte de gingembre, la pâte d'ail et le sel. Faites mariner l'agneau avec ce mélange pendant 2 heures.
- Dans une casserole, cuire l'agneau avec de l'eau à feu moyen jusqu'à ce qu'il soit tendre. Réservez le bouillon et réservez l'agneau.
- Ajoutez le cumin et le curcuma au bouillon. Bien mélanger.
- Transférer le bouillon dans une casserole et laisser mijoter jusqu'à ce que l'eau s'évapore. Faites mariner à nouveau l'agneau avec ce mélange pendant 30 minutes.
- Chauffer l'huile dans une casserole. Trempez chaque morceau d'agneau dans l'œuf battu, roulez-le dans la chapelure et faites-le frire jusqu'à ce qu'il soit doré. Servir chaud.

Masala Vada

(Boulette frite épicée)

Pour 15

ingrédients

300 g de chana dhal*, immergé dans 500 ml d'eau pendant 3-4 heures

50 g d'oignon finement haché

25 g/1 once de feuilles de coriandre, hachées

25 g/1 once de feuilles d'aneth, finement hachées

½ cuillère à café de graines de cumin

Sel au goût

3 cuillères à soupe d'huile végétale raffinée et un peu pour la friture

Méthode

- Broyez grossièrement le dhal. Mélanger avec tous les ingrédients, sauf l'huile.
- Ajoutez 3 cuillères à soupe d'huile au mélange de dhal. Préparez des boulettes de viande rondes et plates.
- Faites chauffer le reste de l'huile dans une poêle antiadhésive. Faites frire les boulettes de viande. Servir chaud.

Chou Chivda

(Snack au chou et au riz)

Pour 4 personnes

ingrédients

- 100 g de chou finement haché
- Sel au goût
- 3 cuillères à soupe d'huile végétale raffinée
- 125 g de cacahuètes
- 150 g de chana dhal*, rôti
- 1 cuillère à café de graines de moutarde
- Pincée d'asafoetida
- 200 g de poha*, trempé dans l'eau
- 1 cuillère à café de pâte de gingembre
- 4 cuillères à café de sucre
- 1 ½ cuillères à soupe de jus de citron
- 25 g/1 once de feuilles de coriandre, hachées

Méthode

- Mélangez le chou avec du sel et laissez reposer 10 minutes.
- Faites chauffer 1 cuillère à soupe d'huile dans une poêle antiadhésive. Faites frire les cacahuètes et le chana dhal pendant 2 minutes à feu moyen. Égoutter et réserver.
- Faites chauffer le reste de l'huile dans une poêle antiadhésive. Faites revenir les graines de moutarde, l'asafoetida et le chou pendant 2 minutes. Arrosez d'un peu d'eau, couvrez et laissez mijoter 5 minutes. Ajouter le poha, la pâte de gingembre, le sucre, le jus de citron et le sel. Bien mélanger et cuire 10 minutes.
- Garnir de feuilles de coriandre, de cacahuètes frites et de dhal. Servir chaud.

Pain Besan Bhajji

(Snack de pain et de farine de pois chiches)

Pour 32

ingrédients

175g / 6oz Besan*

1250 ml / 5 onces liquides d'eau

½ cuillère à café de graines d'ajowan

Sel au goût

Huile végétale raffinée pour la friture

8 tranches de pain, coupées en deux

Méthode

- Préparez une pâte épaisse en mélangeant le besan avec de l'eau. Ajoutez les graines d'ajowan et le sel. Battez bien.
- Faites chauffer l'huile dans une poêle antiadhésive. Trempez les morceaux de pain dans la pâte et faites-les frire jusqu'à ce qu'ils soient dorés. Servir chaud.

Methi Seekh Kebab

(Brochette de Menthe aux Feuilles de Fenugrec)

Rendements 8-10

ingrédients

100 g de feuilles de fenugrec hachées

3 grosses pommes de terre bouillies et écrasées

1 cuillère à café de pâte de gingembre

1 cuillère à café de pâte d'ail

4 piments verts, finement hachés

1 cuillère à café de cumin moulu

1 cuillère à café de coriandre moulue

½ cuillère à café de garam masala

Sel au goût

2 cuillères à soupe de chapelure

Huile végétale raffinée pour badigeonner

Méthode

- Mélangez tous les ingrédients ensemble, sauf l'huile. Façonner en boulettes de viande.

- Embrocher et cuire sur un gril à charbon de bois, en arrosant d'huile et en retournant de temps en temps. Servir chaud.

Jhinga Hariyali

(Crevettes vertes)

Pour 20

ingrédients

Sel au goût

Jus de 1 citron

20 crevettes décortiquées et décortiquées (conserver la queue)

75 g de feuilles de menthe hachées finement

75 g de feuilles de coriandre hachées

1 cuillère à café de pâte de gingembre

1 cuillère à café de pâte d'ail

Pincée de garam masala

1 cuillère à soupe d'huile végétale raffinée

1 petit oignon, tranché

Méthode

- Frottez les crevettes avec du sel et du jus de citron. Laisser reposer 20 minutes.
- Broyez ensemble 50 g de feuilles de menthe, 50 g de feuilles de coriandre, la pâte de gingembre, la pâte d'ail et le garam masala.
- Ajouter aux crevettes et réserver 30 minutes. Verser un filet d'huile sur le dessus.
- Embrochez les crevettes et faites-les cuire sur un gril à charbon de bois en les retournant de temps en temps.
- Garnir du reste de coriandre et de feuilles de menthe et d'oignons émincés. Servir chaud.

Methi Adaï

(Crêpe au fenugrec)

Il est 20h-22h

ingrédients

100 g de riz

100 g / 3½ oz d'urad dhal*

100 g / 3½ onces de dhal mungo*

100 g de chana dhal*

100 g de masoor dhal*

Pincée d'asafoetida

6-7 feuilles de curry

Sel au goût

50 g de feuilles de fenugrec fraîches hachées

Huile végétale raffinée pour graisser

Méthode

- Faites tremper le riz et le dhal ensemble pendant 3 à 4 heures.
- Égoutter le riz et le dhal et ajouter l'asafoetida, les feuilles de curry et le sel. Broyer grossièrement et laisser fermenter pendant 7 heures. Ajoutez les feuilles de fenugrec.
- Beurrez une poêle et faites-la chauffer. Ajoutez une cuillerée du mélange fermenté et étalez jusqu'à ce qu'une crêpe se forme. Versez un filet d'huile sur les bords et faites cuire à feu moyen pendant 3-4 minutes. Retourner et cuire encore 2 minutes.
- Répétez l'opération pour le reste de la pâte. Servir chaud avec un chutney de noix de coco

Pois Chaat

Pour 4 personnes

ingrédients

2 cuillères à café d'huile végétale raffinée

½ cuillère à café de graines de cumin

300 g de petits pois en conserve

½ cuillère à café d'amchoor*

¼ cuillère à café de curcuma

¼ cuillère à café de garam masala

1 cuillère à café de jus de citron

5 cm de racine de gingembre, pelée et coupée en julienne

Méthode

- Chauffer l'huile dans une casserole. Ajoutez les graines de cumin et laissez-les crépiter 15 secondes. Ajoutez les petits pois, l'amboor, le curcuma et le garam masala. Bien mélanger et cuire 2 à 3 minutes en remuant de temps en temps.
- Garnir de jus de citron et de gingembre. Servir chaud.

Shingada

(Bengali savoureux)

Rendements 8-10

ingrédients

2 cuillères à soupe d'huile végétale raffinée et un peu pour la friture

1 cuillère à café de graines de cumin

200 g de petits pois bouillis

2 pommes de terre bouillies et hachées

1 cuillère à café de coriandre moulue

Sel au goût

Pour la pâtisserie :

350 g de farine blanche normale

¼ cuillère à café de sel

De l'eau

Méthode

- Faites chauffer 2 cuillères à soupe d'huile dans une casserole. Ajoutez les graines de cumin. Laissez-les crépiter pendant 15 secondes. Ajoutez les petits pois, les pommes de terre, la coriandre moulue et le sel. Bien mélanger et faire revenir à feu moyen pendant 5 minutes. Mettre à part.
- Réalisez des cornets de pâtisserie avec les ingrédients pâtissiers, comme dans la recette du samosa aux pommes de terre. Remplissez les cornets avec le mélange de légumes et fermez-les.
- Faites chauffer le reste de l'huile dans une poêle antiadhésive. Faites frire les cornets à feu moyen jusqu'à ce qu'ils soient dorés. Servir chaud avec un chutney à la menthe

Bhajia à l'oignon

(Beignets d'oignons)

Pour 20

ingrédients

250g/9oz de besan*

4 gros oignons, coupés en fines tranches

Sel au goût

½ cuillère à café de curcuma

150 ml d'eau

Huile végétale raffinée pour la friture

Méthode

- Mélangez le besan, les oignons, le sel et le curcuma. Ajouter de l'eau et bien mélanger.
- Faites chauffer l'huile dans une poêle antiadhésive. Ajouter des cuillerées du mélange et faire frire jusqu'à ce qu'elles soient dorées. Égoutter sur du papier absorbant et servir chaud.

Bagani Murgh

(Poulet à la pâte de cajou)

Pour 12

ingrédients

500 g de poulet désossé, coupé en dés

1 petit oignon, tranché

1 tomate, tranchée

1 concombre, tranché

1 cuillère à café de pâte de gingembre

1 cuillère à café de pâte d'ail

2 piments verts, finement hachés

10 g de feuilles de menthe moulues

10 g de feuilles de coriandre moulues

Sel au goût

Pour la marinade :

6-7 noix de cajou, moulues en pâte

2 cuillères à soupe de crème liquide

Méthode

- Mélangez les ingrédients de la marinade. Faites mariner le poulet avec ce mélange pendant 4 à 5 heures.
- Embrocher et cuire sur un gril à charbon de bois en retournant de temps en temps.
- Garnir d'oignon, de tomate et de concombre. Servir chaud.

Tikki aux pommes de terre

(Boulette de pommes de terre)

Pour 12

ingrédients

4 grosses pommes de terre bouillies et écrasées

1 cuillère à café de pâte de gingembre

1 cuillère à café de pâte d'ail

Jus de 1 citron

1 gros oignon, finement haché

25 g/1 once de feuilles de coriandre, hachées

¼ cuillère à café de poudre de chili

Sel au goût

2 cuillères à soupe de farine de riz

3 cuillères à soupe d'huile végétale raffinée

Méthode

- Mélangez les pommes de terre avec la pâte de gingembre, la pâte d'ail, le jus de citron, l'oignon, les feuilles de coriandre, la poudre de piment et le sel. Bien mélanger. Façonner en boulettes de viande.
- Saupoudrez les boulettes de viande de farine de riz.
- Faites chauffer l'huile dans une poêle antiadhésive. Faites frire les boulettes de viande à feu moyen jusqu'à ce qu'elles soient dorées. Égoutter et servir chaud avec un chutney de menthe.

Batata Aller

(Boulettes de pommes de terre frites dans une pâte)

Pour 12 à 14 personnes

ingrédients

1 cuillère à café d'huile végétale raffinée et un peu pour la friture

½ cuillère à café de graines de moutarde

½ cuillère à café d'urad dhal*

½ cuillère à café de curcuma

5 pommes de terre bouillies et écrasées

Sel au goût

Jus de 1 citron

250g/9oz de besan*

Pincée d'asafoetida

120 ml d'eau

Méthode

- Faites chauffer 1 cuillère à café d'huile dans une poêle antiadhésive. Ajouter les graines de moutarde, l'urad dhal et le curcuma. Laissez-les crépiter pendant 15 secondes.
- Versez-le sur les pommes de terre. Ajoutez également du sel et du jus de citron. Bien mélanger.
- Divisez le mélange de pommes de terre en boulettes de viande de la taille d'une noix. Mettre à part.
- Mélangez le besan, l'asafoetida, le sel et l'eau pour faire la pâte.
- Faites chauffer le reste de l'huile dans une poêle antiadhésive. Trempez les boulettes de pommes de terre dans la pâte et faites-les frire jusqu'à ce qu'elles soient dorées. Égoutter et servir avec un chutney à la menthe.

Mini-brochettes de poulet

Pour 8

ingrédients

350 g de poulet haché

125 g / 4½ oz de Besan*

1 gros oignon, finement haché

½ cuillère à café de pâte de gingembre

½ cuillère à café de pâte d'ail

1 cuillère à café de jus de citron

¼ cuillère à café de poudre de cardamome verte

1 cuillère à soupe de feuilles de coriandre hachées

Sel au goût

1 cuillère à soupe de graines de sésame

Méthode

- Mélangez tous les ingrédients, sauf les graines de sésame.
- Divisez le mélange en boules et saupoudrez de graines de sésame.
- Cuire au four à 190 ºC (375 ºF, thermostat 5) pendant 25 minutes. Servir chaud avec un chutney de menthe.

Rissole de lentilles

Pour 12

ingrédients

2 cuillères à soupe d'huile végétale raffinée et un peu pour la friture

2 petits oignons, finement hachés

2 carottes, hachées finement

600 g / 1 lb 5 oz de masoor dhal*

500 ml / 16 onces liquides d'eau

2 cuillères à soupe de coriandre moulue

Sel au goût

25 g/1 once de feuilles de coriandre, hachées

100 g de chapelure

2 cuillères à soupe de farine blanche naturelle

1 œuf battu

Méthode

- Faites chauffer 1 cuillère à soupe d'huile dans une poêle antiadhésive. Ajoutez les oignons et les carottes et faites revenir à feu moyen pendant 2-3 minutes en remuant souvent. Ajouter le masoor dhal, l'eau, la coriandre moulue et le sel. Laisser mijoter 30 minutes en remuant.
- Ajoutez les feuilles de coriandre et la moitié de la chapelure. Bien mélanger.
- Former des saucisses et couvrir de farine. Trempez les boulettes de viande dans l'œuf battu et roulez-les dans le reste de chapelure. Mettre à part.
- Faites chauffer le reste de l'huile. Faites frire les boulettes de viande jusqu'à ce qu'elles soient dorées, en les retournant une fois. Servir chaud avec un chutney de noix de coco verte.

Poha nourrissant

Pour 4 personnes

ingrédients

1 cuillère à soupe d'huile végétale raffinée

125 g de cacahuètes

1 oignon, finement haché

¼ cuillère à café de curcuma

Sel au goût

1 pomme de terre bouillie et hachée

200 g de poha*, laisser tremper 5 minutes et égoutter

1 cuillère à café de jus de citron

1 cuillère à soupe de feuilles de coriandre hachées

Méthode

- Chauffer l'huile dans une casserole. Faire revenir les cacahuètes, l'oignon, le curcuma et le sel à feu moyen pendant 2-3 minutes.
- Ajoutez la pomme de terre et le poha. Faire sauter à feu doux jusqu'à consistance lisse.
- Garnir de jus de citron et de feuilles de coriandre. Servir chaud.

Haricots usuels

(Haricots à la sauce épicée)

Pour 4 personnes

ingrédients

300 g / 10 oz de masoor dhal*, trempé dans l'eau chaude pendant 20 minutes

¼ cuillère à café de curcuma

Sel au goût

50 g de haricots verts finement hachés

240 ml / 8 fl oz d'eau

1 cuillère à soupe d'huile végétale raffinée

¼ cuillère à café de graines de moutarde

Quelques feuilles de curry

Sel au goût

Méthode

- Mélangez le dhal, le curcuma et le sel. Broyer en une pâte grossière.
- Cuire à la vapeur pendant 20 à 25 minutes. Laisser refroidir pendant 20 minutes. Émietter le mélange avec les doigts. Mettre à part.
- Faites cuire les haricots verts avec de l'eau et un peu de sel dans une casserole à feu moyen jusqu'à ce qu'ils soient tendres. Mettre à part.
- Chauffer l'huile dans une casserole. Ajoutez les graines de moutarde. Laissez-les crépiter pendant 15 secondes. Ajouter les feuilles de curry et le dhal émietté.
- Faire sauter pendant environ 3-4 minutes à feu moyen jusqu'à ce qu'ils soient tendres. Ajouter les haricots cuits et bien mélanger. Servir chaud.

Pain Pakoda au Chutney

Pour 4 personnes

ingrédients

250g/9oz de besan*

150 ml d'eau

½ cuillère à café de graines d'ajowan

125 g de chutney à la menthe

12 tranches de pain

Huile végétale raffinée pour la friture

Méthode

- Mélangez le besan avec de l'eau pour obtenir une pâte ayant la consistance d'un mélange à crêpes. Ajoutez les graines d'ajowan et mélangez légèrement. Mettre à part.
- Étalez la moutarde à la menthe sur une tranche de pain et déposez-en une autre dessus. Répétez l'opération pour toutes les tranches de pain. Coupez-les en deux en diagonale.
- Faites chauffer l'huile dans une poêle antiadhésive. Trempez les rouleaux dans la pâte et faites-les frire à feu moyen jusqu'à ce qu'ils soient dorés. Servir chaud avec du ketchup.

Methi Khakra Délice

(Snack au fenugrec)

Pour 16

ingrédients

50 g de feuilles de fenugrec fraîches hachées finement

300 g de farine complète

1 cuillère à café de poudre de chili

¼ cuillère à café de curcuma

½ cuillère à café de coriandre moulue

1 cuillère à soupe d'huile végétale raffinée

Sel au goût

120 ml d'eau

Méthode

- mélangez tous les ingrédients ensemble. Pétrir jusqu'à obtenir une pâte souple mais compacte.
- Divisez la pâte en 16 boules de la taille d'un citron. Étalez-les en disques très fins.
- Faites chauffer une poêle plate. Placer les disques sur la poêle plate et cuire jusqu'à ce qu'ils soient croustillants. Répétez pour l'autre côté. conserver dans une caisse hermétiquement fermée.

Escalope verte

Pour 12

ingrédients

200 g d'épinards finement hachés

4 pommes de terre bouillies et écrasées

200 g de dhal mungo*, bouilli et écrasé

25 g/1 once de feuilles de coriandre, hachées

2 piments verts, finement hachés

1 cuillère à café de garam masala

1 gros oignon, finement haché

Sel au goût

1 cuillère à café de pâte d'ail

1 cuillère à café de pâte de gingembre

Huile végétale raffinée pour la friture

250 g de chapelure

Méthode

- Mélangez les épinards et les pommes de terre ensemble. Ajouter le mungo dhal, les feuilles de coriandre, les piments verts, le garam masala, l'oignon, le sel, la pâte d'ail et la pâte de gingembre. Bien mélanger.
- Divisez le mélange en portions de la taille d'une noix et formez chacune des escalopes.
- Faites chauffer l'huile dans une poêle antiadhésive. Rouler les escalopes dans la chapelure et les faire frire jusqu'à ce qu'elles soient dorées. Servir chaud.

Handvo

(Tarte salée à la semoule)

Pour 4 personnes

ingrédients

100 g de semoule

125 g / 4½ oz de Besan*

200 g de yaourt

25 g / très peu de potiron en bouteille de 1 oz, râpé

1 carotte, râpée

25 g / 1 once de pois verts

½ cuillère à café de curcuma

½ cuillère à café de poudre de chili

½ cuillère à café de pâte de gingembre

½ cuillère à café de pâte d'ail

1 piment vert, finement haché

Sel au goût

Pincée d'asafoetida

½ cuillère à café de bicarbonate de soude

4 cuillères à soupe d'huile végétale raffinée

¾ cuillère à café de graines de moutarde

½ cuillère à café de graines de sésame

Méthode

- Mélangez la semoule, le besan et le yaourt dans une casserole. Ajoutez le potiron et la carotte râpés ainsi que les petits pois.
- Ajouter le curcuma, la poudre de piment, la pâte de gingembre, la pâte d'ail, le piment vert, le sel et l'asafoetida pour préparer la pâte. Elle doit avoir la consistance d'une pâte à gâteau. Sinon, ajoutez quelques cuillères à soupe d'eau.
- Ajoutez le bicarbonate de soude et mélangez bien. Mettre à part.
- Chauffer l'huile dans une casserole. Ajoutez la moutarde et les graines de sésame. Laissez-les crépiter pendant 15 secondes.
- Versez la pâte dans la casserole. Couvrir avec un couvercle et laisser mijoter 10 à 12 minutes.
- Découvrez et retournez délicatement la pâte à l'aide d'une spatule. Couvrir à nouveau et laisser mijoter encore 15 minutes.
- Piquez avec une fourchette pour vérifier si c'est cuit. Si elle est cuite, la fourchette en ressortira propre. Servir chaud.

Ghugra

(Mezzaluna aux centres de légumes salés)

Pour 4 personnes

ingrédients

5 cuillères à soupe d'huile végétale raffinée et un peu pour la friture

Pincée d'asafoetida

400 g de petits pois en conserve, moulus

250 ml / 8 onces liquides d'eau

Sel au goût

5 cm de racine de gingembre finement hachée

2 cuillères à café de jus de citron

1 cuillère à soupe de feuilles de coriandre hachées

350 g de farine complète

Méthode

- Faites chauffer 2 cuillères à soupe d'huile dans une casserole. Ajouter l'asafoetida. Quand il éclate, ajoutez les petits pois et 120 ml d'eau. Cuire à feu moyen pendant 3 minutes.

- Ajoutez le sel, le gingembre et le jus de citron. Bien mélanger et cuire encore 5 minutes. Saupoudrer de feuilles de coriandre et réserver.

- Mélangez la farine avec le sel, le reste de l'eau et 3 cuillères à soupe d'huile. Divisez-les en boules et étalez-les en disques ronds de 10 cm de diamètre.

- Déposez un peu de mélange de pois sur chaque disque de façon à ce que la moitié du disque soit recouverte du mélange. Pliez l'autre moitié pour faire un "D". Scellez en pressant les bords ensemble.

- Chauffer l'huile. Faites frire les ghugras à feu moyen jusqu'à ce qu'elles soient dorées. Servir chaud.

Kebab à la banane

Pour 20

ingrédients

6 bananes vertes

1 cuillère à café de pâte de gingembre

250g/9oz de besan*

25 g/1 once de feuilles de coriandre, hachées

½ cuillère à café de poudre de chili

1 cuillère à café d'amchoor*

Jus de 1 citron

Sel au goût

240 ml d'huile végétale raffinée pour friture peu profonde

Méthode

- Faites bouillir les bananes dans leur peau pendant 10 à 15 minutes. Égoutter et peler.

- Mélanger avec les autres ingrédients, à l'exclusion de l'huile. Façonner en boulettes de viande.

- Faites chauffer l'huile dans une poêle antiadhésive. Faites frire les boulettes de viande jusqu'à ce qu'elles soient dorées. Servir chaud.

Tartelettes aux légumes

Pour 12

ingrédients

2 cuillères à soupe de poudre d'arrow-root

4-5 grosses pommes de terre, bouillies et râpées

1 cuillère à soupe d'huile végétale raffinée et un peu pour la friture

125 g / 4½ oz de Besan*

25g de noix de coco fraîchement râpée

4-5 noix de cajou

3-4 raisins secs

125 g de petits pois bouillis surgelés

2 cuillères à café de graines de grenade séchées

2 cuillères à café de coriandre grossièrement moulue

1 cuillère à café de graines de fenouil

½ cuillère à café de poivre noir moulu

½ cuillère à café de poudre de chili

1 cuillère à café d'amchoor*

½ cuillère à café de gros sel

Sel au goût

Méthode

- Mélangez l'arrow-root, les pommes de terre et 1 cuillère à soupe d'huile. Mettre à part.

- Pour faire la garniture, mélangez le reste des ingrédients, à l'exclusion de l'huile.

- Répartissez le mélange de pommes de terre en boulettes de viande rondes. Déposez une cuillerée de garniture au centre de chaque tarte. Fermez-les comme un sac et aplatissez-les.

- Faites chauffer le reste de l'huile dans une casserole. Faites frire les boulettes de viande à feu doux jusqu'à ce qu'elles soient dorées. Servir chaud.

Haricots germés de Bhel

(Snack salé aux haricots germés)

Pour 4 personnes

ingrédients

100 g de haricots mungo germés, bouillis

250 g de Kaala Chana*, bouilli

3 grosses pommes de terre bouillies et hachées

2 grosses tomates, hachées finement

1 oignon de taille moyenne, haché

Sel au goût

Pour le joint :

2 cuillères à soupe de chutney à la menthe

2 cuillères à soupe de chutney de mangue piquant et sucré

4-5 cuillères à soupe de yaourt

100 g de chips écrasées

10 g de feuilles de coriandre hachées

Méthode

- Mélangez tous les ingrédients, sauf les ingrédients de la garniture.
- Décorez dans l'ordre dans lequel les ingrédients sont indiqués. Sers immédiatement.

Aloo Kachori

(Boulette de pommes de terre frites)

Pour 15

ingrédients

350 g de farine complète

1 cuillère à soupe d'huile végétale raffinée et un peu pour la friture

1 cuillère à café de graines d'ajowan

Sel au goût

5 pommes de terre bouillies et écrasées

2 cuillères à café de poudre de chili

1 cuillère à soupe de feuilles de coriandre hachées

Méthode

- Mélangez la farine, 1 cuillère à soupe d'huile, les graines d'ajowan et le sel. Divisez en boules de la taille d'un citron vert. Aplatissez chacun entre vos paumes et réservez.
- Mélangez les pommes de terre, la poudre de chili, les feuilles de coriandre et un peu de sel.
- Déposez une portion de ce mélange au centre de chaque tartelette. Scellez en pinçant les bords ensemble.

- Faites chauffer l'huile dans une poêle antiadhésive. Faites frire les kachoris à feu moyen jusqu'à ce qu'ils soient dorés. Égoutter et servir chaud.

Régime Dosa

(Crêpe diététique)

Pour 12

ingrédients

300 g de dhal mungo*, immergé dans 250 ml d'eau pendant 3-4 heures

3-4 piments verts

2,5 cm de racine de gingembre

100 g de semoule

1 cuillère à soupe de crème sure

50 g de feuilles de coriandre hachées

6 feuilles de curry

Huile végétale raffinée pour graisser

Sel au goût

Méthode

- Mélangez le dhal avec les piments verts et le gingembre. Broyez ensemble.
- Ajouter la semoule et la crème sure. Bien mélanger. Ajoutez les feuilles de coriandre, les feuilles de curry et suffisamment d'eau pour obtenir une pâte épaisse.

- Beurrez une poêle plate et faites-la chauffer. Versez 2 cuillères à soupe de pâte sur le dessus et étalez avec le dos d'une cuillère. Cuire 3 minutes à feu doux. Retournez et répétez.
- Répétez l'opération pour le reste de la pâte. Servir chaud.

Rouleau Nutri

Rendements 8-10

ingrédients

200 g d'épinards finement hachés

1 carotte, hachée finement

125 g de petits pois surgelés

50 g de haricots mungo germés

3-4 grosses pommes de terre, bouillies et écrasées

2 gros oignons, finement hachés

½ cuillère à café de pâte de gingembre

½ cuillère à café de pâte d'ail

1 piment vert, finement haché

½ cuillère à café d'amchoor*

Sel au goût

½ cuillère à café de poudre de chili

3 cuillères à soupe de feuilles de coriandre finement hachées

Huile végétale raffinée pour friture peu profonde

8 à 10 chapatis

2 cuillères à soupe de chutney de mangue piquant et sucré

Méthode

- Faites cuire à la vapeur les épinards, les carottes, les pois et les haricots mungo ensemble.
- Mélangez les légumes cuits à la vapeur avec les pommes de terre, les oignons, la pâte de gingembre, la pâte d'ail, le piment vert, l'amchoor, le sel, la poudre de piment et les feuilles de coriandre. Bien mélanger pour obtenir un mélange homogène.
- Façonner le mélange en petites escalopes.
- Chauffer l'huile dans une casserole. Faites frire les escalopes à feu moyen jusqu'à ce qu'elles soient dorées. Égoutter et réserver.
- Étalez un chutney de mangue chaud et sucré sur un chapatti. Placez une escalope au centre et roulez les chapatti.
- Répétez l'opération pour tous les chapatis. Servir chaud.

Sabudana Palak Doodhi Uttapam

(Crêpes au sagou, aux épinards et à la citrouille en bouteille)

Pour 20

ingrédients

1 cuillère à café de toor dhal*

1 cuillère à café de mungo dhal*

1 cuillère à café de haricots urad*

1 cuillère à café de masoor dhal*

3 cuillères à café de riz

100 g de sagou moulu grossièrement

50 g d'épinards cuits à la vapeur et hachés

¼ bouteille de citrouille*, râpé

125 g / 4½ oz de Besan*

½ cuillère à café de cumin moulu

1 cuillère à café de feuilles de menthe finement hachées

1 piment vert, finement haché

½ cuillère à café de pâte de gingembre

Sel au goût

100 ml / 3½fl oz d'eau

Huile végétale raffinée pour la friture

Méthode

- Broyez ensemble le toor dhal, le mungo dhal, les haricots urad, le masoor dhal et le riz. Mettre à part.
- Faites tremper le sagou pendant 3 à 5 minutes. Égoutter complètement.
- Mélanger avec le riz moulu et le mélange de dhal.
- Ajouter les épinards, la gourde, le besan, le cumin moulu, les feuilles de menthe, le piment vert, la pâte de gingembre, le sel et suffisamment d'eau pour obtenir une pâte épaisse. Laisser reposer 30 minutes.
- Beurrez une poêle et faites-la chauffer. Versez 1 cuillère à soupe de pâte dans le moule et étalez-la avec le dos d'une cuillère.
- Couvrir et cuire à feu moyen jusqu'à ce que le fond soit légèrement brun. Retournez et répétez.
- Répétez l'opération pour le reste de la pâte. Servir chaud avec du ketchup ou du chutney de noix de coco verte

Poha

Pour 4 personnes

ingrédients

150 g de poha*

1 ½ cuillères à soupe d'huile végétale raffinée

½ cuillère à café de graines de cumin

½ cuillère à café de graines de moutarde

1 grosse pomme de terre, hachée finement

2 gros oignons, finement tranchés

5-6 piments verts, finement hachés

8 feuilles de curry, hachées grossièrement

¼ cuillère à café de curcuma

45 g de cacahuètes grillées (facultatif)

25 g / 1 once de noix de coco fraîche, râpée ou grattée

10 g de feuilles de coriandre finement hachées

1 cuillère à café de jus de citron

Sel au goût

Méthode

- Lavez bien le poha. Égoutter complètement l'eau et mettre le poha de côté dans une passoire pendant 15 minutes.
- Desserrez doucement les touffes de poha avec vos doigts. Mettre à part.
- Chauffer l'huile dans une casserole. Ajoutez le cumin et les graines de moutarde. Laissez-les crépiter pendant 15 secondes.
- Ajoutez les pommes de terre hachées. Faire sauter à feu moyen pendant 2-3 minutes. Ajouter les oignons, les piments verts, les feuilles de curry et le curcuma. Cuire jusqu'à ce que les oignons soient translucides. Retirer du feu.
- Ajoutez le poha, les cacahuètes grillées et la moitié des feuilles de noix de coco et de coriandre râpées. Lancez pour bien mélanger.
- Arrosez de jus de citron et de sel. Laisser mijoter 4 à 5 minutes.
- Garnir avec le reste des feuilles de cocotier et de coriandre. Servir chaud.

Escalope De Légumes

Il est 10h-12h

ingrédients

2 oignons, finement hachés

5 gousses d'ail

¼ cuillère à café de graines de fenouil

2-3 piments verts

10 g de feuilles de coriandre finement hachées

2 grosses carottes, hachées finement

1 grosse pomme de terre, hachée finement

1 petite betterave, hachée finement

50 g de haricots verts finement hachés

50 g de petits pois

900 ml / 1½ pinte d'eau

Sel au goût

¼ cuillère à café de curcuma

2-3 cuillères à soupe de besan*

1 cuillère à soupe d'huile végétale raffinée et un peu pour la friture

50 g de chapelure

Méthode

- Broyez 1 oignon, l'ail, les graines de fenouil, les piments verts et les feuilles de coriandre pour obtenir une pâte lisse. Mettre à part.
- Mélangez les carottes, la pomme de terre, la betterave rouge, les haricots verts et les petits pois dans une casserole. Ajoutez 500 ml d'eau, le sel et le curcuma et faites cuire à feu moyen jusqu'à ce que les légumes soient tendres.
- Écrasez bien les légumes et réservez-les.
- Mélangez le besan et le reste de l'eau pour former une pâte lisse. Mettre à part.
- Faites chauffer 1 cuillère à soupe d'huile dans une casserole. Ajouter l'oignon restant et faire revenir jusqu'à ce qu'il soit translucide.
- Ajouter la pâte d'oignon et d'ail et faire revenir une minute à feu moyen en remuant constamment.
- Ajoutez la purée de légumes et mélangez bien.
- Retirer du feu et laisser refroidir.
- Divisez ce mélange en 10 à 12 boules. Aplatissez-les entre les paumes de vos mains pour obtenir des boulettes de viande.
- Trempez les boulettes de viande dans la pâte et roulez-les dans la chapelure.
- Faites chauffer l'huile dans une poêle antiadhésive. Faites frire les boulettes de viande jusqu'à ce qu'elles soient dorées des deux côtés.
- Servir chaud avec du ketchup.

Soja en haut

(Snack aux graines de soja)

Pour 4 personnes

ingrédients

1 ½ cuillères à soupe d'huile végétale raffinée

½ cuillère à café de graines de moutarde

2 piments verts, finement hachés

2 piments rouges, finement hachés

Pincée d'asafoetida

1 gros oignon, finement haché

2,5 cm de racine de gingembre, coupée en julienne

10 gousses d'ail, hachées finement

6 feuilles de curry

100 g de semoule de soja*, grillé à sec

100 g de semoule sèche grillée

200 g de petits pois

500 ml d'eau chaude

¼ cuillère à café de curcuma

1 cuillère à café de sucre

1 cuillère à café de sel

1 grosse tomate, hachée finement

2 cuillères à soupe de feuilles de coriandre finement hachées

15 raisins secs

10 noix de cajou

Méthode

- Chauffer l'huile dans une casserole. Ajoutez les graines de moutarde. Laissez-les crépiter pendant 15 secondes.
- Ajouter les piments verts, les piments rouges, l'asafoetida, l'oignon, le gingembre, l'ail et les feuilles de curry. Faire frire à feu moyen pendant 3 à 4 minutes en remuant souvent.
- Ajoutez la farine de soja, la semoule et les petits pois. Cuire jusqu'à ce que les deux types de semoule soient dorés.
- Ajouter l'eau chaude, le curcuma, le sucre et le sel. Cuire à feu moyen jusqu'à ce que l'eau sèche.
- Garnir de tomates, de feuilles de coriandre, de raisins secs et de noix de cajou.
- Servir chaud.

Upma

(Plat de petit-déjeuner à la semoule)

Pour 4 personnes

ingrédients

1 cuillère à soupe de beurre clarifié

150 g de semoule

1 cuillère à soupe d'huile végétale raffinée

¼ cuillère à café de graines de moutarde

1 cuillère à café d'urad dhal*

3 piments verts, coupés dans le sens de la longueur

8 à 10 feuilles de curry

1 oignon de taille moyenne, finement haché

1 tomate de taille moyenne, hachée finement

750 ml / 1¼ pinte d'eau

1 cuillère à café bombée de sucre

Sel au goût

50 g de petits pois en conserve (facultatif)

25 g de feuilles de coriandre finement hachées

Méthode

- Faites chauffer le ghee dans une poêle antiadhésive. Ajouter la semoule et faire revenir en remuant souvent jusqu'à ce qu'elle soit dorée. Mettre à part.
- Chauffer l'huile dans une casserole. Ajouter les graines de moutarde, l'urad dhal, les piments verts et les feuilles de curry. Faites frire jusqu'à ce que l'urad dhal devienne brun.
- Ajouter l'oignon et faire revenir à feu doux jusqu'à ce qu'il soit translucide. Ajoutez la tomate et faites revenir encore 3-4 minutes.
- Ajouter de l'eau et bien mélanger. Cuire à feu moyen jusqu'à ce que le mélange commence à bouillir. Bien mélanger.
- Ajoutez le sucre, le sel, la semoule et les petits pois. Bien mélanger.
- Cuire à feu doux en remuant constamment pendant 2-3 minutes.
- Garnir de feuilles de coriandre. Servir chaud.

Vermicelles Upma

(Vermicelles à l'Oignon)

Pour 4 personnes

ingrédients

3 cuillères à soupe d'huile végétale raffinée

1 cuillère à café de mungo dhal*

1 cuillère à café d'urad dhal*

¼ cuillère à café de graines de moutarde

8 feuilles de curry

10 cacahuètes

10 noix de cajou

1 pomme de terre moyenne, hachée finement

1 grosse carotte, hachée finement

2 piments verts, finement hachés

1 cm de racine de gingembre, finement hachée

1 gros oignon, finement haché

1 tomate, hachée finement

50 g de petits pois surgelés

Sel au goût

1 litre / 1¾ pinte d'eau

200 g de vermicelles

2 cuillères à soupe de beurre clarifié

Méthode

- Chauffer l'huile dans une casserole. Ajouter le mungo dhal, l'urad dhal, les graines de moutarde et les feuilles de curry. Laissez-les crépiter pendant 30 secondes.
- Ajoutez les cacahuètes et les noix de cajou. Faire frire à feu moyen jusqu'à ce qu'ils soient dorés.
- Ajoutez la pomme de terre et la carotte. Faire frire pendant 4 à 5 minutes.
- Ajouter les piments, le gingembre, l'oignon, la tomate, les petits pois et le sel. Cuire à feu moyen, en remuant souvent, jusqu'à ce que les légumes soient tendres.
- Ajouter de l'eau et porter à ébullition. Bien mélanger.
- Ajoutez les vermicelles en remuant continuellement pour éviter la formation de grumeaux.
- Couvrir avec un couvercle et cuire à feu doux pendant 5 à 6 minutes.
- Ajoutez le ghee et mélangez bien. Servir chaud.

Bonda

(Côtelette de pomme de terre)

Pour 10

ingrédients

5 cuillères à soupe d'huile végétale raffinée et un peu pour la friture

½ cuillère à café de graines de moutarde

2,5 mm de racine de gingembre, finement hachée

2 piments verts, finement hachés

50 g de feuilles de coriandre finement hachées

1 gros oignon, finement haché

4 pommes de terre de taille moyenne, bouillies et écrasées

1 grosse carotte, hachée finement et bouillie

125 g de petits pois en conserve

Une pincée de curcuma

Sel au goût

1 cuillère à café de jus de citron

250g/9oz de besan*

200 ml / 7 fl oz d'eau

½ cuillère à café de levure chimique

Méthode

- Faites chauffer 4 cuillères à soupe d'huile dans une casserole. Ajouter les graines de moutarde, le gingembre, les piments verts, les feuilles de coriandre et l'oignon. Faire revenir à feu moyen, en remuant de temps en temps, jusqu'à ce que l'oignon brunisse.
- Ajouter les pommes de terre, la carotte, les petits pois, le curcuma et le sel. Laisser mijoter 5 à 6 minutes en remuant de temps en temps.
- Arrosez de jus de citron et divisez le mélange en 10 boules. Mettre à part.
- Mélangez la sauce, l'eau et la levure avec 1 cuillère à soupe d'huile pour former la pâte.
- Chauffer l'huile dans une casserole. Trempez chaque boule de pomme de terre dans la pâte et faites-la frire à feu moyen jusqu'à ce qu'elle soit dorée.
- Servir chaud.

Dhokla instantané

(Gâteau salé instantané cuit à la vapeur)

Rendements 15-20

ingrédients

250g/9oz de besan*

1 cuillère à café de sel

2 cuillères à soupe de sucre

2 cuillères à soupe d'huile végétale raffinée

½ cuillère à soupe de jus de citron

240 ml / 8 fl oz d'eau

1 cuillère à soupe de levure chimique

1 cuillère à café de graines de moutarde

2 piments verts, coupés dans le sens de la longueur

Quelques feuilles de curry

1 cuillère à soupe d'eau

2 cuillères à soupe de feuilles de coriandre finement hachées

1 cuillère à soupe de noix de coco fraîche, râpée

Méthode

- Mélangez le besan, le sel, le sucre, 1 cuillère à soupe d'huile, le jus de citron et l'eau pour obtenir une pâte lisse.
- Beurrer un moule à cake rond de 20 cm.
- Ajouter la levure à la pâte. Bien mélanger et verser immédiatement dans le moule graissé. Cuire à la vapeur pendant 20 minutes.
- Piquez avec une fourchette pour vérifier si c'est cuit. Si la fourchette ne ressort pas propre, faites cuire à nouveau à la vapeur pendant 5 à 10 minutes. Mettre à part.
- Faites chauffer le reste de l'huile dans une casserole. Ajoutez les graines de moutarde. Laissez-les crépiter pendant 15 secondes.
- Ajouter les piments verts, les feuilles de curry et l'eau. Laisser mijoter 2 minutes.
- Versez ce mélange sur le dhokla et laissez-le absorber dans le liquide.
- Garnir de feuilles de coriandre et de noix de coco râpée.
- Couper en carrés et servir avec un chutney à la menthe

Dhal Maharani

(Lentilles noires et haricots rouges)

Pour 4 personnes

ingrédients

150 g d'urad dhal*

2 cuillères à soupe de haricots borlotti

1,4 litres / 2½ pintes d'eau

Sel au goût

1 cuillère à soupe d'huile végétale raffinée

½ cuillère à café de graines de cumin

1 gros oignon, finement haché

3 tomates de taille moyenne, hachées

1 cuillère à café de pâte de gingembre

½ cuillère à café de pâte d'ail

½ cuillère à café de poudre de chili

½ cuillère à café de garam masala

120 ml / 4 fl oz de crème fraîche unique

Méthode

- Faites tremper l'urad dhal et les haricots rouges ensemble pendant la nuit. Égoutter et cuire ensemble dans une casserole avec l'eau et le sel pendant 1 heure à feu moyen. Mettre à part.
- Chauffer l'huile dans une casserole. Ajoutez les graines de cumin. Laissez-les crépiter pendant 15 secondes.
- Ajouter l'oignon et faire revenir à feu moyen jusqu'à ce qu'il soit doré.
- Ajoutez les tomates. Bien mélanger. Ajouter la pâte de gingembre et la pâte d'ail. Faire frire pendant 5 minutes.
- Ajouter le mélange de dhal et de haricots cuits, la poudre de piment et le garam masala. Bien mélanger.
- Ajoutez la crème. Laisser mijoter 5 minutes en remuant souvent.
- Servir chaud avec du naan ou du riz vapeur

Milagu Kuzhambu

(Grame rouge cassé dans une sauce au poivre)

Pour 4 personnes

ingrédients

2 cuillères à café de ghee

2 cuillères à café de graines de coriandre

1 cuillère à soupe de pâte de tamarin

1 cuillère à café de poivre noir moulu

¼ cuillère à café d'asafoetida

Sel au goût

1 cuillère à soupe de toor dhal*, cuit

1 litre / 1¾ pinte d'eau

¼ cuillère à café de graines de moutarde

1 piment vert, haché

¼ cuillère à café de curcuma

10 feuilles de curry

Méthode

- Faites chauffer quelques gouttes de beurre clarifié dans une casserole. Ajoutez les graines de coriandre et faites revenir à feu moyen pendant 2 minutes. Refroidir et broyer.
- Mélanger avec la pâte de tamarin, le poivre, l'asafoetida, le sel et le dhal dans une grande casserole.
- Ajoutez l'eau. Bien mélanger et porter à ébullition à feu moyen. Mettre à part.
- Faites chauffer le ghee restant dans une casserole. Ajouter les graines de moutarde, le piment vert, le curcuma et les feuilles de curry. Laissez-les crépiter pendant 15 secondes.
- Ajoutez ceci au dhal. Servir chaud.

Dhal Hariyali

(Légumes à feuilles de gramme de Bengale fendu)

Pour 4 personnes

ingrédients

300g / 10oz de dhal*

1,4 litres / 2½ pintes d'eau

Sel au goût

2 cuillères à soupe de beurre clarifié

1 cuillère à café de graines de cumin

1 oignon, finement haché

½ cuillère à café de pâte de gingembre

½ cuillère à café de pâte d'ail

½ cuillère à café de curcuma

50 g d'épinards hachés

10 g de feuilles de fenugrec finement hachées

25 g/1 once de feuilles de coriandre

Méthode

- Faites cuire le dhal avec l'eau et le sel dans une casserole pendant 45 minutes en remuant souvent. Mettre à part.
- Faites chauffer le ghee dans une casserole. Ajouter les graines de cumin, l'oignon, la pâte de gingembre, la pâte d'ail et le curcuma. Faire revenir 2 minutes à feu doux en remuant constamment.
- Ajouter les épinards, les feuilles de fenugrec et les feuilles de coriandre. Bien mélanger et laisser mijoter 5 à 7 minutes.
- Servir chaud avec du riz vapeur

Dhalcha

(Gram de Bengale fendu avec agneau)

Pour 4 personnes

ingrédients

150 g de chana dhal*

150 g / 5½ oz de toor dhal*

2,8 litres / 5 pintes d'eau

Sel au goût

2 cuillères à soupe de pâte de tamarin

2 cuillères à soupe d'huile végétale raffinée

4 gros oignons, hachés

5 cm de racine de gingembre, râpée

10 gousses d'ail écrasées

750 g d'agneau haché

1,4 litres / 2½ pintes d'eau

3-4 tomates hachées

1 cuillère à café de poudre de chili

1 cuillère à café de curcuma

1 cuillère à café de garam masala

20 feuilles de curry

25 g de feuilles de coriandre finement hachées

Méthode

- Cuire les dhals avec l'eau et le sel pendant 1 heure à feu moyen. Ajouter la pâte de tamarin et bien écraser. Mettre à part.
- Chauffer l'huile dans une casserole. Ajoutez les oignons, le gingembre et l'ail. Faire frire à feu moyen jusqu'à ce qu'ils soient dorés. Ajouter l'agneau et remuer constamment jusqu'à ce qu'il soit doré.
- Ajouter l'eau et laisser mijoter jusqu'à ce que l'agneau soit tendre.
- Ajouter les tomates, la poudre de chili, le curcuma et le sel. Bien mélanger. Cuire encore 7 minutes.
- Ajoutez le dhal, le garam masala et les feuilles de curry. Bien mélanger. Faire bouillir pendant 4 à 5 minutes.
- Garnir de feuilles de coriandre. Servir chaud.

Tarkari Dhalcha

(gramme de Bengale fendu avec des légumes)

Pour 4 personnes

ingrédients

150 g de chana dhal*

150 g / 5½ oz de toor dhal*

Sel au goût

3 litres / 5¼ pintes d'eau

10 g de feuilles de menthe

10 g de feuilles de coriandre

2 cuillères à soupe d'huile végétale raffinée

½ cuillère à café de graines de moutarde

½ cuillère à café de graines de cumin

Une pincée de graines de fenugrec

Une pincée de graines de kalonji*

2 piments rouges séchés

10 feuilles de curry

½ cuillère à café de pâte de gingembre

½ cuillère à café de pâte d'ail

½ cuillère à café de curcuma

1 cuillère à café de poudre de chili

1 cuillère à café de pâte de tamarin

500 g de citrouille, coupée en petits dés

Méthode

- Cuire les deux dhals avec du sel, 2,5 litres d'eau et la moitié de la menthe et de la coriandre dans une casserole à feu moyen pendant 1 heure. Broyer jusqu'à obtenir une pâte épaisse. Mettre à part.
- Chauffer l'huile dans une casserole. Ajouter les graines de moutarde, le cumin, le fenugrec et le kalonji. Laissez-les crépiter pendant 15 secondes.
- Ajoutez les piments rouges et les feuilles de curry. Faire frire à feu moyen pendant 15 secondes.
- Ajouter la pâte de dhal, la pâte de gingembre, la pâte d'ail, le curcuma, la poudre de piment et la pâte de tamarin. Bien mélanger. Cuire à feu moyen, en remuant souvent, pendant 10 minutes.
- Ajouter le reste de l'eau et le potiron. Laisser mijoter jusqu'à ce que le potiron soit cuit.
- Ajoutez le reste des feuilles de menthe et de coriandre. Cuire 3-4 minutes.
- Servir chaud.

Dhokar Dhalna

(Cubes de Dhal frits au curry)

Pour 4 personnes

ingrédients

600 g de chana dhal*, laisser tremper toute la nuit

120 ml d'eau

Sel au goût

4 cuillères à soupe d'huile végétale raffinée et un peu pour la friture

3 piments verts, hachés

½ cuillère à café d'asafoetida

2 gros oignons, finement hachés

1 feuille de laurier

1 cuillère à café de pâte de gingembre

1 cuillère à café de pâte d'ail

1 cuillère à café de poudre de chili

¾ cuillère à café de curcuma

1 cuillère à café de garam masala

1 cuillère à soupe de feuilles de coriandre finement hachées

Méthode

- Broyer le dhal avec de l'eau et un peu de sel pour obtenir une pâte épaisse. Mettre à part.
- Faites chauffer 1 cuillère à soupe d'huile dans une casserole. Ajouter les piments verts et l'asafoetida. Laissez-les crépiter pendant 15 secondes. Incorporer la pâte de dhal et un peu de sel. Bien mélanger.
- Étalez ce mélange sur une plaque à pâtisserie pour qu'il refroidisse. Coupez-le en morceaux de 2,5 cm.
- Faites chauffer l'huile de friture dans une casserole. Faites frire les morceaux jusqu'à ce qu'ils soient dorés. Mettre à part.
- Faites chauffer 2 cuillères à soupe d'huile dans une casserole. Faire revenir les oignons jusqu'à ce qu'ils soient dorés. Réduisez-les en pâte et réservez.
- Faites chauffer 1 cuillère à soupe d'huile restante dans une casserole. Ajouter la feuille de laurier, les morceaux de dhal frits, la pâte d'oignons frits, la pâte de gingembre, la pâte d'ail, la poudre de piment, le curcuma et le garam masala. Ajoutez suffisamment d'eau pour couvrir les morceaux de dhal. Bien mélanger et laisser mijoter 7 à 8 minutes.
- Garnir de feuilles de coriandre. Servir chaud.

Varane

(Gram Dhal rouge divisé simple)

Pour 4 personnes

ingrédients

300g / 10oz de dhal*

2,4 litres / 4 pintes d'eau

¼ cuillère à café d'asafoetida

½ cuillère à café de curcuma

Sel au goût

Méthode

- Faites cuire tous les ingrédients dans une casserole pendant environ 1 heure à feu moyen.
- Servir chaud avec du riz vapeur

Doux Dhal

(Gram rouge fendu sucré)

Pour 4-6 personnes

ingrédients

300g / 10oz de dhal*

2,5 litres/4 pintes d'eau

Sel au goût

¼ cuillère à café de curcuma

Une belle pincée d'asafoetida

½ cuillère à café de poudre de chili

morceau de jagré de 5 cm*

2 cuillères à café d'huile végétale raffinée

¼ cuillère à café de graines de cumin

¼ cuillère à café de graines de moutarde

2 piments rouges séchés

1 cuillère à soupe de feuilles de coriandre finement hachées

Méthode

- Lavez et faites cuire le toor dhal avec de l'eau et du sel dans une casserole à feu doux pendant 1 heure.
- Ajouter le curcuma, l'asafoetida, la poudre de piment et le jaggery. Cuire 5 minutes. Bien mélanger. Mettre à part.
- Dans une petite casserole, faites chauffer l'huile. Ajouter les graines de cumin, les graines de moutarde et les piments rouges secs. Laissez-les crépiter pendant 15 secondes.
- Versez-le dans le dhal et mélangez bien.
- Garnir de feuilles de coriandre. Servir chaud.

Dhal aigre-doux

(Grame rouge cassé aigre-doux)

Pour 4-6 personnes

ingrédients

300g / 10oz de dhal*

2,4 litres / 4 pintes d'eau

Sel au goût

¼ cuillère à café de curcuma

¼ cuillère à café d'asafoetida

1 cuillère à café de pâte de tamarin

1 cuillère à café de sucre

2 cuillères à café d'huile végétale raffinée

½ cuillère à café de graines de moutarde

2 piments verts

8 feuilles de curry

1 cuillère à soupe de feuilles de coriandre finement hachées

Méthode

- Faites cuire le toor dhal dans une casserole avec de l'eau et du sel à feu moyen pendant 1 heure.
- Ajouter le curcuma, l'asafoetida, la pâte de tamarin et le sucre. Cuire 5 minutes. Mettre à part.
- Dans une petite casserole, faites chauffer l'huile. Ajouter les graines de moutarde, les piments verts et les feuilles de curry. Laissez-les crépiter pendant 15 secondes.
- Versez cet assaisonnement dans le dhal.
- Garnir de feuilles de coriandre.
- Servir chaud avec du riz vapeur ou des chapatis

Mung-ni-Dhal

(Grame vert divisé)

Pour 4 personnes

ingrédients

300 g de dhal mungo*

1,9 litre / 3½ pintes d'eau

Sel au goût

¼ cuillère à café de curcuma

½ cuillère à café de pâte de gingembre

1 piment vert, finement haché

¼ cuillère à café de sucre

1 cuillère à soupe de beurre clarifié

½ cuillère à café de graines de sésame

1 petit oignon, haché

1 gousse d'ail émincée

Méthode

- Faites bouillir le dhal mungo avec de l'eau et du sel dans une casserole à feu moyen pendant 30 minutes.
- Ajouter le curcuma, la pâte de gingembre, le piment vert et le sucre. Bien mélanger.
- Ajoutez 120 ml d'eau si le dhal est sec. Laisser mijoter 2-3 minutes et réserver.
- Faites chauffer le ghee dans une petite casserole. Ajoutez les graines de sésame, l'oignon et l'ail. Faites-les revenir 1 minute en remuant constamment.
- Ajoutez ceci au dhal. Servir chaud.

Dhal à l'oignon et à la noix de coco

(Grame rouge écrasé avec oignon et noix de coco)

Pour 4-6 personnes

ingrédients

300g / 10oz de dhal*

2,8 litres / 5 pintes d'eau

2 piments verts, hachés

1 petit oignon, haché

Sel au goût

¼ cuillère à café de curcuma

1 ½ cuillères à café d'huile végétale

½ cuillère à café de graines de moutarde

1 cuillère à soupe de feuilles de coriandre finement hachées

50g de noix de coco fraîchement râpée

Méthode

- Faire bouillir le toor dhal avec l'eau, les piments verts, l'oignon, le sel et le curcuma dans une casserole à feu moyen pendant 1 heure. Mettre à part.
- Chauffer l'huile dans une casserole. Ajoutez les graines de moutarde. Laissez-les crépiter pendant 15 secondes.
- Versez-le dans le dhal et mélangez bien.
- Garnir de feuilles de coriandre et de noix de coco. Servir chaud.

Dahi Kadhi

(curry à base de yaourt)

Pour 4 personnes

ingrédients

1 cuillère à soupe de besan*

250 g de yaourt

750 ml / 1¼ pinte d'eau

2 cuillères à café de sucre

Sel au goût

½ cuillère à café de pâte de gingembre

1 cuillère à soupe d'huile végétale raffinée

¼ cuillère à café de graines de moutarde

¼ cuillère à café de graines de cumin

¼ cuillère à café de graines de fenugrec

8 feuilles de curry

10 g de feuilles de coriandre finement hachées

Méthode

- Mélangez le besan avec le yaourt, l'eau, le sucre, le sel et la pâte de gingembre dans une grande casserole. Bien mélanger pour éviter la formation de grumeaux.
- Cuire le mélange à feu moyen jusqu'à ce qu'il commence à épaissir, en remuant fréquemment. Porter à ébullition. Mettre à part.
- Chauffer l'huile dans une casserole. Ajoutez les graines de moutarde, les graines de cumin, les graines de fenugrec et les feuilles de curry. Laissez-les crépiter pendant 15 secondes.
- Versez cette huile sur le mélange besan.
- Garnir de feuilles de coriandre. Servir chaud.

Dhal aux épinards

(Épinards au Gramme Vert Fendu)

Pour 4 personnes

ingrédients

300 g de dhal mungo*

1,9 litre / 3½ pintes d'eau

Sel au goût

1 gros oignon, haché

6 gousses d'ail, émincées

¼ cuillère à café de curcuma

100 g d'épinards hachés

½ cuillère à café d'amchoor*

Pincée de garam masala

½ cuillère à café de pâte de gingembre

1 cuillère à soupe d'huile végétale raffinée

1 cuillère à café de graines de cumin

2 cuillères à soupe de feuilles de coriandre finement hachées

Méthode

- Faites cuire le dhal avec l'eau et le sel dans une casserole à feu moyen pendant 30 à 40 minutes.
- Ajoutez l'oignon et l'ail. Cuire 7 minutes.
- Ajouter le curcuma, les épinards, l'amchoor, le garam masala et la pâte de gingembre. Bien mélanger.
- Laisser mijoter jusqu'à ce que le dhal soit tendre et que toutes les épices aient été absorbées. Mettre à part.
- Chauffer l'huile dans une casserole. Ajoutez les graines de cumin. Laissez-les crépiter pendant 15 secondes.
- Versez-le sur le dhal.
- Garnir de feuilles de coriandre. Servir chaud

Tawker Dhal

(Lentilles rouges cassées avec mangue non mûre)

Pour 4 personnes

ingrédients

300g / 10oz de dhal*

2,4 litres / 4 pintes d'eau

1 mangue non mûre, dénoyautée et coupée en quartiers

½ cuillère à café de curcuma

4 piments verts

Sel au goût

2 cuillères à café d'huile de moutarde

½ cuillère à café de graines de moutarde

1 cuillère à soupe de feuilles de coriandre finement hachées

Méthode

- Faire bouillir le dhal avec de l'eau, des morceaux de mangue, du curcuma, des piments verts et du sel pendant une heure. Mettre à part.
- Faites chauffer l'huile dans une casserole et ajoutez les graines de moutarde. Laissez-les crépiter pendant 15 secondes.
- Ajoutez ceci au dhal. Laisser mijoter jusqu'à épaississement.
- Garnir de feuilles de coriandre. Servir chaud avec du riz vapeur

Dhal de base

(Grame Rouge Fendu avec Tomate)

Pour 4 personnes

ingrédients

300g / 10oz de dhal*

1,2 litres / 2 pintes d'eau

Sel au goût

¼ cuillère à café de curcuma

½ cuillère à soupe d'huile végétale raffinée

¼ cuillère à café de graines de cumin

2 piments verts, coupés dans le sens de la longueur

1 tomate de taille moyenne, hachée finement

1 cuillère à soupe de feuilles de coriandre finement hachées

Méthode

- Faites cuire le toor dhal avec l'eau et le sel dans une casserole pendant 1 heure à feu moyen.
- Ajoutez le curcuma et mélangez bien.
- Si le dhal est trop épais, ajoutez 120 ml d'eau. Mélangez bien et mettez de côté.
- Chauffer l'huile dans une casserole. Ajoutez les graines de cumin et laissez-les crépiter 15 secondes. Ajouter les piments verts et la tomate. Faire frire pendant 2 minutes.
- Ajoutez ceci au dhal. Remuer et laisser mijoter 3 minutes.
- Garnir de feuilles de coriandre. Servir chaud avec du riz vapeur

Maa-ki-Dhal

(Riche gramme noir)

Pour 4 personnes

ingrédients

240 g de kaali dhal*

125 g de haricots borlotti

2,8 litres / 5 pintes d'eau

Sel au goût

3,5 cm de racine de gingembre, coupée en julienne

1 cuillère à café de poudre de chili

3 tomates, en purée

1 cuillère à soupe de beurre

2 cuillères à café d'huile végétale raffinée

1 cuillère à café de graines de cumin

2 cuillères à soupe de crème liquide

Méthode

- Faites tremper le dhal et les haricots pinto ensemble pendant la nuit.
- Cuire avec l'eau, le sel et le gingembre dans une casserole pendant 40 minutes à feu moyen.
- Ajouter la poudre de piment, la purée de tomates et le beurre. Faire bouillir pendant 8 à 10 minutes. Mettre à part.
- Chauffer l'huile dans une casserole. Ajoutez les graines de cumin. Laissez-les crépiter pendant 15 secondes.
- Ajoutez ceci au dhal. Bien mélanger.
- Ajoutez la crème. Servir chaud avec du riz vapeur

Dhansak

(Parsi Spicy Split Red Gram)

Pour 4 personnes

ingrédients

3 cuillères à soupe d'huile végétale raffinée

1 gros oignon, finement haché

2 grosses tomates hachées

½ cuillère à café de curcuma

½ cuillère à café de poudre de chili

1 cuillère à soupe de dhansak masala*

1 cuillère à soupe de vinaigre de malt

Sel au goût

Pour le mélange dhal :

150 g / 5½ oz de toor dhal*

75 g / 2½ oz de dhal mungo*

75 g de masoor dhal*

1 petite aubergine, coupée en quartiers

Morceau de citrouille de 7,5 cm, coupé en quartiers

1 cuillère à soupe de feuilles de fenugrec fraîches

1,4 litres / 2½ pintes d'eau

Sel au goût

Méthode

- Faites cuire les ingrédients du mélange de dhal dans une casserole à feu moyen pendant 45 minutes. Mettre à part.

- Chauffer l'huile dans une casserole. Faites revenir les oignons et les tomates à feu moyen pendant 2-3 minutes.

- Ajouter le mélange de dhal et tous les autres ingrédients. Bien mélanger et cuire à feu moyen pendant 5 à 7 minutes. Servir chaud.

Masoor Dhal

Pour 4 personnes

ingrédients

300 g / 10 oz de masoor dhal*

Sel au goût

Une pincée de curcuma

1,2 litres / 2 pintes d'eau

2 cuillères à soupe d'huile végétale raffinée

6 gousses d'ail écrasées

1 cuillère à café de jus de citron

Méthode

- Faites cuire le dhal, le sel, le curcuma et l'eau dans une casserole à feu moyen pendant 45 minutes. Mettre à part.
- Faites chauffer l'huile dans une poêle et faites revenir l'ail jusqu'à ce qu'il soit doré. Ajouter au dhal et arroser de jus de citron. Bien mélanger. Servir chaud.

Panchemel Dhal

(Mélange de cinq lentilles)

Pour 4 personnes

ingrédients

75 g / 2½ oz de dhal mungo*

1 cuillère à soupe de chana dhal*

1 cuillère à soupe de masoor dhal*

1 cuillère à soupe de toor dhal*

1 cuillère à soupe d'urad dhal*

750 ml / 1¼ pinte d'eau

½ cuillère à café de curcuma

Sel au goût

1 cuillère à soupe de beurre clarifié

1 cuillère à café de graines de cumin

Pincée d'asafoetida

½ cuillère à café de garam masala

1 cuillère à café de pâte de gingembre

Méthode

- Faites cuire les dhals avec l'eau, le curcuma et le sel dans une casserole pendant 1 heure à feu moyen. Bien mélanger. Mettre à part.
- Faites chauffer le ghee dans une casserole. Faites frire le reste des ingrédients pendant 1 minute.
- Ajoutez-le au dhal, mélangez bien et laissez mijoter pendant 3-4 minutes. Servir chaud.

Cholar Dhal

(Grame du Bengale divisé)

Pour 4 personnes

ingrédients

600 g de chana dhal*

2,4 litres / 5 pintes d'eau

Sel au goût

3 cuillères à soupe de beurre clarifié

½ cuillère à café de graines de cumin

½ cuillère à café de curcuma

2 cuillères à café de sucre

3 clous de girofle

2 feuilles de laurier

2,5 cm de cannelle

2 gousses de cardamome verte

15 g de noix de coco hachée et frite

Méthode

- Faites cuire le dhal avec l'eau et le sel dans une casserole à feu moyen pendant 1 heure. Mettre à part.
- Faites chauffer 2 cuillères à soupe de ghee dans une casserole. Ajoutez tous les ingrédients sauf la noix de coco. Laissez-les crépiter pendant 20 secondes. Ajouter le dhal cuit et cuire en remuant bien pendant 5 minutes. Ajoutez la noix de coco et 1 cuillère à soupe de ghee. Servir chaud.

Dilpas et Dhal

(Lentilles spéciales)

Pour 4 personnes

ingrédients

60 g de haricots urad*

2 cuillères à soupe de haricots borlotti

2 cuillères à soupe de pois chiches

2 litres / 3½ pintes d'eau

¼ cuillère à café de curcuma

2 cuillères à soupe de beurre clarifié

2 tomates blanchies et en purée

2 cuillères à café de cumin moulu, grillé à sec

125 g de yaourt battu

120 ml de crème liquide

Sel au goût

Méthode

- Mélangez les haricots, les pois chiches et l'eau. Faire tremper dans une casserole pendant 4 heures. Ajoutez le curcuma et laissez cuire 45 minutes à feu moyen. Mettre à part.
- Faites chauffer le ghee dans une casserole. Ajouter tous les ingrédients restants et cuire à feu moyen jusqu'à ce que le ghee se sépare.
- Ajoutez le mélange de haricots et de pois chiches. Cuire à feu doux jusqu'à ce qu'il soit sec. Servir chaud.

Dhal Masoor

(Lentilles rouges cassées)

Pour 4 personnes

ingrédients

1 cuillère à soupe de beurre clarifié

1 cuillère à café de graines de cumin

1 petit oignon, finement haché

2,5 cm de racine de gingembre finement hachée

6 gousses d'ail, hachées finement

4 piments verts, coupés dans le sens de la longueur

1 tomate, pelée et réduite en purée

½ cuillère à café de curcuma

300 g / 10 oz de masoor dhal*

1,5 litre/2 pintes d'eau

Sel au goût

2 cuillères à soupe de feuilles de coriandre

Méthode

- Faites chauffer le ghee dans une casserole. Ajouter les graines de cumin, l'oignon, le gingembre, l'ail, les piments, la tomate et le curcuma. Faites frire pendant 5 minutes en remuant souvent.
- Ajoutez le dhal, l'eau et le sel. Faire bouillir pendant 45 minutes. Garnir de feuilles de coriandre. Servir chaud avec du riz vapeur

Dhal aux aubergines

(Lentilles aux Aubergines)

Pour 4 personnes

ingrédients

300g / 10oz de dhal*

1,5 litre/2 pintes d'eau

Sel au goût

1 cuillère à soupe d'huile végétale raffinée

50 g d'aubergines coupées en dés

2,5 cm de cannelle

2 gousses de cardamome verte

2 clous de girofle

1 gros oignon, finement haché

2 grosses tomates, hachées finement

½ cuillère à café de pâte de gingembre

½ cuillère à café de pâte d'ail

1 cuillère à café de coriandre moulue

½ cuillère à café de curcuma

10 g de feuilles de coriandre, pour la décoration

Méthode

- Faites bouillir le dhal avec de l'eau et du sel dans une casserole pendant 45 minutes à feu moyen. Mettre à part.
- Chauffer l'huile dans une casserole. Ajouter tous les ingrédients restants, sauf les feuilles de coriandre. Faites frire pendant 2-3 minutes en remuant constamment.
- Ajoutez le mélange au dhal. Faire bouillir pendant 5 minutes. Garnir et servir.

Dhal Tadka jaune

Pour 4 personnes

ingrédients

300 g de dhal mungo*

1 litre / 1¾ pinte d'eau

¼ cuillère à café de curcuma

Sel au goût

3 cuillères à café de beurre clarifié

½ cuillère à café de graines de moutarde

½ cuillère à café de graines de cumin

½ cuillère à café de graines de fenugrec

2,5 cm de racine de gingembre finement hachée

4 gousses d'ail, hachées finement

3 piments verts, coupés dans le sens de la longueur

8 feuilles de curry

Méthode

- Faites cuire le dhal avec l'eau, le curcuma et le sel dans une casserole pendant 45 minutes à feu moyen. Mettre à part.
- Faites chauffer le ghee dans une casserole. Ajoutez tous les autres ingrédients. Faites-les revenir 1 minute et versez-les sur le dhal. Bien mélanger et servir chaud.

Rasam

(Soupe épicée au tamarin)

Pour 4 personnes

ingrédients

2 cuillères à soupe de pâte de tamarin

750 ml / 1¼ pinte d'eau

8 à 10 feuilles de curry

2 cuillères à soupe de feuilles de coriandre hachées

Pincée d'asafoetida

Sel au goût

2 cuillères à café de ghee

½ cuillère à café de graines de moutarde

Pour le mélange d'épices :

2 cuillères à café de graines de coriandre

2 cuillères à soupe de toor dhal[*]

1 cuillère à café de graines de cumin

4-5 grains de poivre

1 piment rouge séché

Méthode

- Rôtir à sec et broyer ensemble les ingrédients du mélange d'épices.
- Mélangez le mélange d'épices avec tous les ingrédients sauf le ghee et les graines de moutarde. Cuire 7 minutes à feu moyen dans une casserole.
- Faites chauffer le ghee dans une autre casserole. Ajoutez les graines de moutarde et laissez-les crépiter pendant 15 secondes. Versez-le directement dans le rasam. Servir chaud.

Mung Dhal simple

Pour 4 personnes

ingrédients

300 g de dhal mungo*

1 litre / 1¾ pinte d'eau

Une pincée de curcuma

Sel au goût

2 cuillères à soupe d'huile végétale raffinée

1 gros oignon, finement haché

3 piments verts, finement hachés

2,5 cm de racine de gingembre finement hachée

5 feuilles de curry

2 tomates, hachées finement

Méthode

- Faites cuire le dhal avec l'eau, le curcuma et le sel dans une casserole pendant 30 minutes à feu moyen. Mettre à part.
- Chauffer l'huile dans une casserole. Ajoutez tous les autres ingrédients. Faire frire pendant 3-4 minutes. Ajoutez ceci au dhal. Laisser mijoter jusqu'à épaississement. Servir chaud.

Mungo vert entier

Pour 4 personnes

ingrédients

250 g de haricots mungo trempés toute la nuit

1 litre / 1¾ pinte d'eau

½ cuillère à soupe d'huile végétale raffinée

½ cuillère à café de graines de cumin

6 feuilles de curry

1 gros oignon, finement haché

½ cuillère à café de pâte d'ail

½ cuillère à café de pâte de gingembre

3 piments verts, finement hachés

1 tomate, hachée finement

¼ cuillère à café de curcuma

Sel au goût

120 ml de lait

Méthode

- Faites cuire les haricots avec de l'eau dans une casserole pendant 45 minutes à feu moyen. Mettre à part.
- Chauffer l'huile dans une casserole. Ajoutez les graines de cumin et les feuilles de curry.
- Après 15 secondes, ajoutez les haricots cuits et tous les autres ingrédients. Bien mélanger et laisser mijoter 7 à 8 minutes. Servir chaud.

Dahi Kadhi avec Pakoras

(Curry à base de yaourt avec dumplings frits)

Pour 4 personnes

ingrédients
Pour le pakora :

125 g / 4½ oz de Besan*

¼ cuillère à café de graines de cumin

2 cuillères à café d'oignons hachés

1 piment vert haché

½ cuillère à café de gingembre râpé

Une pincée de curcuma

2 piments verts, finement hachés

½ cuillère à café de graines d'ajowan

Sel au goût

Huile de friture

Pour le Kadhi :

Dahi Kadhi

Méthode

- Dans un bol, mélanger tous les ingrédients du pakora, sauf l'huile, avec suffisamment d'eau pour former une pâte épaisse. Faire frire les cuillères dans l'huile chaude jusqu'à ce qu'elles soient dorées.
- Faites cuire le kadhi et ajoutez les pakoras. Faire bouillir pendant 3-4 minutes.
- Servir chaud avec du riz vapeur

Dhal à la mangue non mûre et sucrée

(Grame rouge fendu avec mangue non mûre)

Pour 4 personnes

ingrédients

300g / 10oz de dhal*

2 piments verts, coupés dans le sens de la longueur

2 cuillères à café de jaggery*, râpé

1 petit oignon, tranché

Sel au goût

¼ cuillère à café de curcuma

1,5 litre/2 pintes d'eau

1 mangue non mûre, pelée et hachée

1 ½ cuillères à café d'huile végétale raffinée

½ cuillère à café de graines de moutarde

1 cuillère à soupe de feuilles de coriandre, pour la garniture

Méthode

- Mélanger tous les ingrédients, sauf l'huile, les graines de moutarde et les feuilles de coriandre, dans une casserole. Cuire 30 minutes à feu moyen. Mettre à part.
- Chauffer l'huile dans une casserole. Ajoutez les graines de moutarde. Laissez-les crépiter pendant 15 secondes. Versez-le sur le dhal. Garnir et servir chaud.

Malai Dhal

(gramme noir fendu avec de la crème)

Pour 4 personnes

ingrédients

300g/10oz d'urad dhal*, laisser tremper pendant 4 heures

1 litre / 1¾ pinte d'eau

500 ml de lait bouilli

1 cuillère à café de curcuma

Sel au goût

½ cuillère à café d'amchoor*

2 cuillères à soupe de crème liquide

1 cuillère à soupe de beurre clarifié

1 cuillère à café de graines de cumin

2,5 cm de racine de gingembre finement hachée

1 petite tomate, hachée finement

1 petit oignon, finement haché

Méthode

- Faites cuire le dhal avec de l'eau à feu moyen pendant 45 minutes.
- Ajouter le lait, le curcuma, le sel, l'amchoor et la crème. Bien mélanger et cuire 3 à 4 minutes. Mettre à part.
- Faites chauffer le ghee dans une casserole. Ajoutez les graines de cumin, le gingembre, la tomate et l'oignon. Faire frire pendant 3 minutes. Ajoutez ceci au dhal. Bien mélanger et servir chaud.

Sambhar

(Mélange de Lentilles et Légumes cuisinés avec des épices spéciales)

Pour 4 personnes

ingrédients

300g / 10oz de dhal*

1,5 litre/2 pintes d'eau

Sel au goût

1 cuillère à soupe d'huile végétale raffinée

1 gros oignon, tranché finement

2 cuillères à café de pâte de tamarin

¼ cuillère à café de curcuma

1 piment vert, haché grossièrement

1 ½ cuillères à café de poudre de sambhar*

2 cuillères à soupe de feuilles de coriandre finement hachées

Pour l'assaisonnement :

1 piment vert, coupé dans le sens de la longueur

1 cuillère à café de graines de moutarde

½ cuillère à café d'urad dhal*

8 feuilles de curry

¼ cuillère à café d'asafoetida

Méthode

- Mélangez tous les ingrédients de la vinaigrette ensemble. Mettre à part.
- Faites cuire le toor dhal avec l'eau et le sel dans une casserole à feu moyen pendant 40 minutes. Bien écraser. Mettre à part.
- Chauffer l'huile dans une casserole. Ajouter les ingrédients de la vinaigrette. Laissez-les crépiter pendant 20 secondes.
- Ajouter le dhal cuit et tous les autres ingrédients, sauf les feuilles de coriandre. Laisser mijoter pendant 8 à 10 minutes.
- Garnir de feuilles de coriandre. Servir chaud.

Trois dhals

(Mélange de lentilles)

Pour 4 personnes

ingrédients

150 g / 5½ oz de toor dhal*

75 g de masoor dhal*

75 g / 2½ oz de dhal mungo*

1 litre / 1¾ pinte d'eau

1 grosse tomate, hachée finement

1 petit oignon, finement haché

4 gousses d'ail, hachées finement

6 feuilles de curry

Sel au goût

¼ cuillère à café de curcuma

2 cuillères à soupe d'huile végétale raffinée

½ cuillère à café de graines de cumin

Méthode

- Faites tremper le dhal dans l'eau pendant 30 minutes. Cuire avec les autres ingrédients, sauf l'huile et le cumin, pendant 45 minutes à feu moyen.
- Chauffer l'huile dans une casserole. Ajoutez les graines de cumin. Laissez-les crépiter pendant 15 secondes. Versez-le sur le dhal. Bien mélanger. Servir chaud.

Methi-Pilon Sambhar

(Fenugrec et baguettes avec Split Red Gram)

Pour 4 personnes

ingrédients

300g / 10oz de dhal*

1 litre / 1¾ pinte d'eau

Une pincée de curcuma

Sel au goût

2 baguettes indiennes*, haché

1 cuillère à café d'huile végétale raffinée

¼ cuillère à café de graines de moutarde

1 piment rouge, coupé en deux

¼ cuillère à café d'asafoetida

10 g de feuilles de fenugrec frais hachées

1¼ cuillère à café de poudre de sambhar*

1¼ cuillère à café de pâte de tamarin

Méthode

- Mélangez le dhal, l'eau, le curcuma, le sel et les pilons dans une casserole. Cuire 45 minutes à feu moyen. Mettre à part.
- Faites chauffer l'huile dans une poêle. Ajouter tous les ingrédients restants et faire sauter pendant 2-3 minutes. Ajoutez-le au dhal et laissez mijoter pendant 7 à 8 minutes. Servir chaud.

Dhal Shorba

(Soupe aux lentilles)

Pour 4 personnes

ingrédients

300g / 10oz de dhal*

Sel au goût

1 litre / 1¾ pinte d'eau

1 cuillère à soupe d'huile végétale raffinée

2 gros oignons, tranchés

4 gousses d'ail, écrasées

50 g de feuilles d'épinards finement hachées

3 tomates, hachées finement

1 cuillère à café de jus de citron

1 cuillère à café de garam masala

Méthode

- Faites cuire le dhal, le sel et l'eau dans une casserole à feu moyen pendant 45 minutes. Mettre à part.
- Chauffer l'huile. Faire revenir les oignons à feu moyen jusqu'à ce qu'ils soient dorés. Ajouter tous les autres ingrédients et cuire 5 minutes en remuant souvent.
- Ajoutez-le au mélange de dhal. Servir chaud.

Délicieux Mungo

(Mungo entier)

Pour 4 personnes

ingrédients

250 g de haricots mungo

2,5 litres/4 pintes d'eau

Sel au goût

2 oignons moyens, hachés

3 piments verts, hachés

¼ cuillère à café de curcuma

1 cuillère à café de poudre de chili

1 cuillère à café de jus de citron

1 cuillère à soupe d'huile végétale raffinée

½ cuillère à café de graines de cumin

6 gousses d'ail écrasées

Méthode

- Faites tremper les haricots mungo dans l'eau pendant 3 à 4 heures. Cuire dans une casserole avec le sel, les oignons, les piments verts, le curcuma et la poudre de chili à feu moyen pendant 1 heure.
- Ajoutez le jus de citron. Faire bouillir pendant 10 minutes. Mettre à part.

- Chauffer l'huile dans une casserole. Ajoutez les graines de cumin et l'ail. Faire revenir 1 minute à feu moyen. Versez-le dans le mélange de mungo. Servir chaud.

Masala Toor Dhal

(Gram rouge épicé épicé)

Pour 4 personnes

ingrédients

300g / 10oz de dhal*

1,5 litre/2 pintes d'eau

Sel au goût

½ cuillère à café de curcuma

1 cuillère à soupe d'huile végétale raffinée

½ cuillère à café de graines de moutarde

8 feuilles de curry

¼ cuillère à café d'asafoetida

½ cuillère à café de pâte de gingembre

½ cuillère à café de pâte d'ail

1 piment vert, finement haché

1 oignon, finement haché

1 tomate, hachée finement

2 cuillères à café de jus de citron

2 cuillères à soupe de feuilles de coriandre, pour la garniture

Méthode

- Faites cuire le dhal avec l'eau, le sel et le curcuma dans une casserole pendant 45 minutes à feu moyen. Mettre à part.
- Chauffer l'huile dans une casserole. Ajouter tous les ingrédients sauf le jus de citron et les feuilles de coriandre. Faire revenir 3-4 minutes à feu moyen. Versez-le sur le dhal.
- Ajoutez le jus de citron et les feuilles de coriandre. Bien mélanger. Servir chaud.

Mung Dhal jaune sec

(gramme jaune sec)

Pour 4 personnes

ingrédients

300 g de dhal mungo*, laisser tremper pendant 1 heure

250 ml / 8 onces liquides d'eau

¼ cuillère à café de curcuma

Sel au goût

1 cuillère à soupe de beurre clarifié

1 cuillère à café d'amchoor*

1 cuillère à soupe de feuilles de coriandre hachées

1 petit oignon, finement haché

Méthode

- Faites cuire le dhal avec l'eau, le curcuma et le sel dans une casserole pendant 45 minutes à feu moyen.
- Faites chauffer le ghee et versez-le sur le dhal. Saupoudrer d'amchoor, de feuilles de coriandre et d'oignon. Servir chaud.

Ourad entier

(gramme noir entier)

Pour 4 personnes

ingrédients

300 g de haricots urad*, lavé

Sel au goût

1,25 litres / 2½ pintes d'eau

¼ cuillère à café de curcuma

½ cuillère à café de poudre de chili

½ cuillère à café de gingembre séché en poudre

¾ cuillère à café de garam masala

1 cuillère à soupe de beurre clarifié

½ cuillère à café de graines de cumin

1 gros oignon, finement haché

2 cuillères à soupe de feuilles de coriandre finement hachées

Méthode

- Faites cuire les haricots urad avec du sel et de l'eau dans une casserole pendant 45 minutes à feu moyen.
- Ajouter le curcuma, la poudre de chili, la poudre de gingembre et le garam masala. Bien mélanger et laisser mijoter 5 minutes. Mettre à part.
- Faites chauffer le ghee dans une casserole. Ajoutez les graines de cumin et laissez-les crépiter 15 secondes. Ajouter l'oignon et faire revenir à feu moyen jusqu'à ce qu'il soit doré.
- Ajouter le mélange d'oignons au dhal et bien mélanger. Faire bouillir pendant 10 minutes.
- Garnir de feuilles de coriandre. Servir chaud.

Dhal Fry

(Grame Rouge Fendu avec Épices Frites)

Pour 4 personnes

ingrédients

300g / 10oz de dhal*

1,5 litre/2 pintes d'eau

½ cuillère à café de curcuma

Sel au goût

2 cuillères à soupe de beurre clarifié

½ cuillère à café de graines de moutarde

½ cuillère à café de graines de cumin

½ cuillère à café de graines de fenugrec

2,5 cm de racine de gingembre finement hachée

2-3 gousses d'ail, hachées finement

2 piments verts, finement hachés

1 petit oignon, finement haché

1 tomate, hachée finement

Méthode

- Faites cuire le dhal avec l'eau, le curcuma et le sel dans une casserole pendant 45 minutes à feu moyen. Bien mélanger. Mettre à part.
- Faites chauffer le ghee dans une casserole. Ajoutez les graines de moutarde, les graines de cumin et les graines de fenugrec. Laissez-les crépiter pendant 15 secondes.
- Ajouter le gingembre, l'ail, les piments verts, l'oignon et la tomate. Faire frire à feu moyen pendant 3 à 4 minutes en remuant souvent. Ajoutez ceci au dhal. Servir chaud.

www.ingramcontent.com/pod-product-compliance
Lightning Source LLC
Chambersburg PA
CBHW070408120526
44590CB00014B/1311